/ 幼儿园园长专业能力提升丛书 /

教科研并不难

——园长教科研管理能力的提升

苏 婧 丛书主编

王艳云 张伟利 等 编著

北京师范大学出版集团
BEIJING NORMAL UNIVERSITY PUBLISHING GROUP
北京师范大学出版社

图书在版编目(CIP)数据

教科研并不难:园长教科研管理能力的提升/王艳云等编著. —北京:北京师范大学出版社,2017.4(2025.1重印)
(幼儿园园长专业能力提升丛书/苏婧主编)
ISBN 978-7-303-22271-1

Ⅰ.①教… Ⅱ.①王… Ⅲ.①幼儿园－教育管理 Ⅳ.①G617

中国版本图书馆 CIP 数据核字(2017)第 068190 号

出版发行:北京师范大学出版社 https://www.bnupg.com
北京市西城区新街口外大街 12-3 号
邮政编码:100088

印	刷:	天津中印联印务有限公司
经	销:	全国新华书店
开	本:	787 mm×1092 mm 1/16
印	张:	8
字	数:	146 千字
版	次:	2017 年 4 月第 1 版
印	次:	2025 年 1 月第 7 次印刷
定	价:	24.00 元

策划编辑:罗佩珍	责任编辑:王玲玲
美术编辑:焦 丽	装帧设计:锋尚设计
责任校对:陈 民	责任印制:赵 龙

封面插图:李辰逸(北京市朝阳区福怡苑幼儿园)
指导教师:张天红龙

版权所有 侵权必究
读者服务电话:010-58806806
如发现印装质量问题,影响阅读,请联系印制管理部:010-58800608

丛书编委会

主　编：苏　婧
副主编：吕国瑶　张伟利　田彭彭
编　委：（按姓氏拼音排序）
　　　　曹慧弟　陈　立　成　勇　范建华
　　　　李　奕　刘峰峰　刘淑新　刘晓颖
　　　　柳　茹　申桂红　王　岚　王艳云
　　　　杨　颖　于渊莘　张爱军　朱继文
　　　　朱小娟　邹　平

推荐序

　　这几年在和园长交流和接触的过程中,他们经常谈到的一个话题就是,现在当一个园长太不容易了,甚至怀疑自己是不是能力不行,胜任不了园长这个岗位。当然,这并不代表现在我们园长的能力下降了,有这种感觉恰恰说明他们已经在思考:新的社会和时代背景下,怎样才能当好一个园长?随着国家教育改革的不断深化,学前教育也越来越受到重视,迎来越来越多的发展良机,当然也面临着越来越多的挑战。一方面,在市场经济条件下,如何使自己的幼儿园办出特色、树立品牌,从而能够在竞争激烈、百花争放的大环境中站稳脚跟,长远发展,是所有园长必须考虑的现实课题;另一方面,在校长专业化的大背景下,园长专业化的呼声已初见端倪,公众对幼儿园园长的要求越来越高,怎样通过提升自身素养,进而提升幼儿园管理品质,推动幼儿园质量的全面提升,并最终促进幼儿的全面和谐发展,也是园长们不可回避的现实问题。所以,作为幼儿园的管理者、第一责任人,园长在幼儿园的改革和发展中,发挥着举足轻重的作用,不能觉得自己"业务"强就可以应对幼儿园发展过程中的所有问题,新的形势要求园长必须全面提升综合素养。

　　北京作为经济、文化、科技创新迅速发展的现代化都市,其幼教事业也发生着日新月异的变化。作为首都幼教改革的"火车头",幼儿园园长们的专业水平决定着这列火车跑得有多快、跑的方向对不对。能不能在新的发展机遇中准确把握国家政策文件精神,做好幼儿园的整体规划?能不能在更为重视公共关系的社会背景下,协调各种关系,服务于幼儿园的对外宣传和品牌建设工作?能不能在家长整体素质提升、需求多样化的要求下,探索新的家长工作思路和方法?能不能结合幼儿园实际工作中遇到的困境,拓展资源渠道,运用科学思维研究出带有规律性的成果,提升幼儿园的整体科研水平?能不能在新教师成为保教工作主力的现实中寻求突破口,探索教师队伍建设的新模式,确保幼儿园保教质量的稳步甚至快速提升?能不能在国家日益重视幼儿身心健康发展的整体趋势下,切实做好幼儿卫生保健和安全管理工作……新的问题不断涌现,我们必须认真想一想:这些我们曾经思考过也取得了大量成果的工作，是否真正摸索到了规律？可以从中借鉴什么？如何在《幼儿园园长专业标准》的要求下真正发挥引领作用？这都是我们要继续深入研究的。

在这个机遇与挑战并存的时代，作为主管全园工作的领导者，园长肩负的责任、使命可谓任重道远。一个人成长为园长是不容易的，从初任园长到一名优秀园长短则需要三五年时间，长则需要六七年甚至更长时间。传统的师傅带徒弟式的传帮带方法仍不失为一种不错的方法，但在今天这样一个讲求成本和效率的时代，我们完全可以通过更加科学有效的方法，更快更好地促进园长的专业化成长，提升其领导力。因此，对幼儿园园长的领导行为、专业素养、专业能力进行研究，既是一个在幼教改革中必须面对的现实课题，具有重要的现实指导意义，也是一个事关幼教可持续发展的长远问题，具有深远的历史意义。

现代社会具有复杂性、多变性、随机性和竞争性，发展节奏快，新知识、新科学、新技术不断涌现。幼儿园并不与世隔绝，同样处于多变的社会之中，幼儿园的发展也要适应全面改革和社会发展的需要。所以，现代的幼儿园园长除了要拥有热爱幼教事业的情怀外，还需要有终身学习的意识，要在实际工作中通过不断学习、思考、再学习、再思考，掌握解决、处理各项园所事务的能力。

北京教育科学研究院早期教育研究所苏婧所长和她所带领的北京市学前教育兼职教研员队伍"园长管理组"成员，从2013年起致力于幼儿园园长专业素养、专业能力的研究。团队成员都是来自北京市各区县的教研员和名园长，在园长管理工作模式和专业发展等方面都很有心得，具有丰富的实践经验。这个团队在深入研究的基础上奉献给大家的这套《幼儿园园长专业能力提升丛书》，以扎实的理论知识结构为基础，以多年认真积累的实践研究为依据，总结提炼出12项园长胜任本职工作应具备的专业能力。书中对每一项专业能力的概念、基本原则、方法和途径等都进行了详细的论述，同时又通过大量的图示和鲜活的实例，让所述的内容变得生动活泼，便于理解和操作。对于幼儿园管理者来说，这12项专业能力既是要求，也是目标。他山之石，可以攻玉。虽然别人的经验并不能完全解决我们现实中遇到的问题，但是，借鉴别的园所好的经验，一定会有助于我们幼儿园园长的成长，帮助我们明确一个合格园长需要具备的基本能力和素质要求。同时，也会对我们科学系统地规划自己的园长职业生涯提供必要的指导，帮助我们成为全面而又专业的幼儿园管理者。此外，这套丛书也有助于我们澄清工作中一些认识不清的问题，提升我们的专业理论水平。

　　这套丛书是幼教工作者在幼儿园园长专业发展方面持续探索过程中的阶段性成果，它不仅给我们提供了借鉴，也为我们指引了方向。我相信，今后一定会有大量关于幼儿园园长专业发展的研究成果出现，这将对我们首都学前教育，甚至全国学前教育的发展产生积极的影响和促进作用。

北京市教育委员会学前教育处处长　张小红
2017 年 2 月

代丛书序

园长专业素养的研究框架、实施途径和策略

学前教育是终身教育的开端，是基础教育的基础，是国民教育体系的重要组成部分。办好学前教育，关系到亿万儿童的健康成长和千家万户的切身利益，关系到国家和民族的未来。

教育部颁发的第二个学前教育三年行动计划提出的重点任务是扩大总量、调整结构、健全机制、提升质量，而"提高幼儿园教职工的专业素质和实践能力，进一步规范办园行为，深入贯彻落实《3—6岁儿童学习与发展指南》，促进幼儿身心健康和谐成长"是其中的重要内容。"提升学前教育质量，是当前和今后学前教育必须努力的方向，对质量的追求是学前教育工作者必须不断付出努力的工作。"幼儿园园长作为幼儿园的第一责任人，其素质直接关系到幼儿园的发展及幼儿教育的质量。学前教育的内涵发展急需具有专业水准的园长队伍的支撑和保障。但是，由于历史原因，我们的园长职业资格准入要求不高，多由一线幼儿教师升任或由上级行政部门直接派遣，加之近几年扩大办园规模涌现了不少新任园长，缺乏全面、系统的专业培训，致使很多园长的实际能力和素质与园长管理工作的要求还存在一定差距，这在一定程度上限制了园长的专业发展，也影响到了幼儿园的科学、优质发展。

专业能力是园长专业化发展在教育实践中的集中体现，是保障其完成职业要求和工作职责的必要条件。园长的专业能力不同于中小学校长，因为中小学是以学科教学为核心的能力结构，而幼儿园必须凸显幼儿园保教结合、以游戏为基本活动的特点，以及环境、生活对幼儿发展的重要价值和独特作用。因此，幼儿园园长的专业能力结构是全方位的、多方面的，具有综合性特点。从新颁布的《幼儿园园长专业标准》看，幼儿园园长被定义为履行幼儿园领导和管理工作的"专业"人员。园长的专业发展水平直接影响到幼儿园的发展方向，直接影响到幼儿园教师的专业发展，直接影响到一个幼儿园的教育教学质量，并最终影响到幼儿的发展。

基于园长职业的特殊性和重要性，我们将研究的视角聚焦于此，拟基于幼儿

园管理实践现场，梳理幼儿园园长的专业素养结构和能力要求，提供有针对性的培养策略与支持途径，从而助力于高质量、专业化和可持续发展的学前教育实践管理者队伍的建设。在分析国内外文献的基础上，我们参考教育部颁布的《义务教育学校校长专业标准》《幼儿园教师专业标准（试行）》和《幼儿园园长专业标准》，从横向和纵向两个角度来构建幼儿园园长专业素养结构（见表1）。从横向来看，我们认为幼儿园园长专业素养结构包括四个方面，分别为研究维度、研究领域、每个领域所包含的支撑要素以及针对支撑要素所细化出的基本指标。从纵向来看，我们认为园长的专业发展是一个动态的过程，不同的园长有着不同的专业发展历程，这是一个不断变化着的、开放的系统，受到多种因素综合作用的影响和制约。园长专业素养是指园长为实现其园所管理目标、承担其园长角色时，在专业精神、专业知识和专业能力三个维度所需具备的素质及要求。其中，专业精神和专业知识都是相对固定的，是经过系统的培训和学习就能够基本具备的，是一种偏静态的素养构成。而专业能力则是灵活和可变的，而且具有鲜明的个性特色，是专业精神、知识以及指导下的行为三者的结合，是真正决定园长素养高低的关键要素。因此，我们将研究重点定位在园长的"专业能力"上，并将其分为"本体性能力"和"延展性能力"两方面。其中，"本体性能力"是指园长在胜任其岗位职责时所应具备的基本能力，而"延展性能力"则是对园长在专业发展的道路上提出的目标和努力方向。我们梳理出园长的专业精神、专业知识以及各项专业能力所涉及的"领域""要素""基本指标"，并进一步针对"本体性能力"整理归纳出更为清晰的、操作性强的培养策略与途径。这样，不仅能将动态和静态两方面因素有机结合起来，而且也能更加深入地把握园长专业素养的本质。

表1 幼儿园园长专业素养结构

维度	领域	要素	基本指标
专业精神	专业理念	儿童观	对儿童发展整体性的理解与认识
			对儿童发展阶段性的理解与认识
			对儿童发展差异性的理解与认识
		教育观	对于教育本质的理解与认识
			对于教育目的的理解与认识
			对于教育方式、方法的把握
		职业观	对幼儿教育工作的态度与看法
			对于园长角色、职责的理解与认识
			对园长职业的规划

续表1

维度	领域	要素	基本指标
专业精神	专业品质	个性品质	具有主动、积极的品质
			具有诚信、公平、敢于担当的品质
			具有终身学习的意识
		职业道德	奉献精神
			爱岗敬业
			服务意识
专业知识	通识性知识	哲学基本知识	运用辩证唯物主义的观点看待问题
			系统性思维
		管理学基本知识	科学管理理论
			过程管理理论
			系统管理理论
			决策管理理论
		社会学基本知识	组织文化理论
			组织行为学理论
		法律法规基本知识	宪法相关知识
			民法相关知识
			经济法相关知识
			教育法相关知识
		财务基本知识	经费预算知识
			经费管理知识
		信息技术基础知识	有关教育技术发展趋势的知识
			教育技术的基本概念、基本理论知识
			教育技术与课程、教学开发相结合的知识

003

续表 2

维度	领域	要素	基本指标
专业知识	专业性知识	教育学基本知识	课程、教学知识
			教育科研方法知识
		心理学基本知识	普通心理学知识
			发展心理学知识
		学前教育基本知识	学前儿童心理学知识
			学前教育学知识
			学前儿童卫生保健知识
			幼儿园课程知识
			幼儿教育科研方法知识
		幼儿园管理基本知识	幼儿园行政管理知识
			幼儿园保教管理知识
			幼儿园科研管理知识
			幼儿园总务管理知识
			家长工作知识
			教职工队伍建设知识
			文化建设知识
	实践性知识	园所文化建设知识	幼儿园文化特征的知识
			幼儿园文化创建的知识
		教育教学指导与评价相关知识	促进幼儿发展的知识
			促进教师专业发展的知识
		应激性知识	处理突发事件的知识
			危机管理知识
专业能力	本体性能力	政策把握与执行能力	掌握学前教育相关政策、法律法规
			了解学前教育发展趋势与改革动态
		园所规划、计划能力	了解、诊断幼儿园发展现状
			明确发展愿景、目标
			突出发展规划、计划重点
			保障发展规划实施

续表 3

维度	领域	要素	基本指标
专业能力	本体性能力	园所文化建设能力	建设园所精神文化
			建设园所物质文化
			建设园所制度文化
			建设园所行为文化
		保教工作指导能力	指导保教工作计划的制订
			指导保教工作的组织与实施
			对保教工作进行评价与反馈
		卫生保健工作指导能力	指导卫生保健工作计划的制订
			指导卫生保健工作的组织与实施
			对卫生保健工作进行评价与反馈
		课程领导能力	具有关于幼儿园课程及课程领导力的知识
			具有课程改革与实践的专业精神
			选择与规划幼儿园课程
			开发与建设幼儿园课程
			推动幼儿园课程实施
			组织和开展幼儿园课程评价
		教科研管理能力	发现、筛选研究问题，把握研究方向
			做好课题研究的过程管理
			总结、固化、推广教科研成果
		队伍建设能力	选拔、聘用教职工
			规划教职工队伍建设
			提升教职工队伍素质
			稳定教职工队伍
		指导家长工作能力	指导教师树立正确的家长工作观念，学习家长工作的基本方法
			关注教师与家长沟通能力的提升
			指导教师整合家长资源
		公共关系协调能力	与相关部门沟通、协调
			整合、利用资源
		安全管理能力	组织安全工作
			预见安全隐患并提前预防
			应对和妥善处理幼儿园突发事件
			指导开展幼儿园安全教育
			管理幼儿园信息安全

续表4

维度	领域	要素	基本指标
专业能力	本体性能力	后勤管理能力	指导后勤工作计划的制订
			指导后勤工作的组织与实施
			对后勤工作进行评价与反馈
	延展性能力	学习能力	信息的捕捉能力
			信息的筛选能力
			信息的加工、利用能力
		反思能力	自我监控能力
			自我评价能力
			自我调控能力
		创新能力	把握前沿能力
			批判思考能力

相对应提炼出的12项幼儿园园长应具备的本体性能力，我们又逐一细化出"基本指标"及"培养策略与途径"(见表2)，在明确园长专业角色的基础上，进一步对园长的工作内容进行分析，同时为园长专业能力的自我提升提供抓手。

表2 幼儿园园长专业能力(本体性能力)的培养策略与途径

专业能力 (本体性能力)	基本指标	培养策略与途径
一、政策把握与执行能力	1. 掌握学前教育相关政策、法律法规	(1)熟悉幼儿园政策、法律法规的基本体系，包括： ·国家层面的法律法规； ·国家部委颁布的条例、法规； ·地方政府、教育行政部门颁布的地方性幼儿教育法规。 (2)依法治园，包括： ·开展幼儿相关政策、法律法规的宣传教育； ·营造依法治园的环境； ·加强制度建设，对幼儿园依法管理。 (3)维护幼儿园的合法权益，承担法律责任。
	2. 了解学前教育发展趋势与改革动态	(1)成为办园思想的领导者。 ·躬身实践，学会在实践中深入思考教育问题，让管理生"根"； ·不断学习，善于与自己、同伴对话。 (2)具有敏锐的教育洞察力。 ·广泛涉猎，扩宽自身的教育视野； ·善于发现问题，积极开展行动研究。

续表1

专业能力 （本体性能力）	基本指标	培养策略与途径
二、园所规划与计划能力	1. 了解、诊断幼儿园发展现状	把握幼儿园发展现状，分析幼儿园发展面临的问题和挑战，形成幼儿园发展思路。
	2. 明确发展愿景、目标	树立正确的办园思想，把握办园方向。 •坚持贯彻落实党和国家的教育方针，有正确的办园指导思想，能够带领教职工认真学习有关幼教工作的行政法规和规章，并努力付诸实施； •及时纠正重教轻保、重智轻德、保教分离等违背教育规律、偏离教育目标的倾向，牢牢把握正确的办园方向。
	3. 突出发展规划、计划重点	充分听取园务会议和教职工的意见，组织专家、家长、社区人士等多方力量参与制订幼儿园发展规划，正确决策，科学制订本园工作计划。
	4. 保障发展规划实施	(1)依据发展规划指导教职工制订并落实学年、学期工作计划，提供人、财、物等条件支持。 (2)对计划的实施过程加强检查督促，及时发现和处理问题。 (3)善于总结经验教训，将有成效的措施与做法逐步标准化、规范化，充分发挥集体的智慧和力量，完成工作计划，实现教育目标，提高管理水平。
三、园所文化建设能力	1. 建设园所精神文化	(1)重视幼儿园精神文化建设，关注精神文化潜移默化的教育功能，提升对幼儿园的专业理解与认知。 (2)宣传幼儿园文化建设的基本理论，利用多种渠道，开展丰富多彩的活动，营造专业、科学、和谐的氛围。 (3)加强教师专业知识与方法的学习，引导教师丰富人文、自然知识，提升个人综合素养。
	2. 建设园所物质文化	(1)将安全放在首位，确保场地、玩教具等的安全，积极排查和消除环境中可能存在的不安全因素。 (2)整体设计，合理规划，满足幼儿、教职工的不同需求，营造和谐、统一的环境。 (3)因地制宜，从园所实际出发，整合家长、社区等多方资源。 (4)注重发挥环境的育人功能，重视物质环境创设中幼儿的参与及环境与幼儿的互动。

续表2

专业能力 （本体性能力）	基本指标	培养策略与途径
三、园所文化建设能力	3.建设园所制度文化	(1)召开党支部会、园务会、全体教职工大会等，帮助教职工明确制度建设的重要意义。 (2)发动全体教职工参与讨论，在统一认识的基础上制订合适的制度。 (3)建立健全各项规章制度。 (4)强化日常的过程考核，将考核结果与年终考核、调资、职评等挂钩。
	4.建设园所行为文化	**幼儿园交往行动文化之——教师间交往** (1)和谐相处原则。要做到鼓励教师之间欣赏优点，包容缺点；真诚交流，建立信任关系。 (2)合作分享原则。要做到增加教师交流机会；慎用评比，不用一把尺子衡量。 **幼儿园交往行动文化之——师幼交往** (1)尊重幼儿原则。要做到接纳幼儿的年龄特点；鼓励幼儿大胆尝试；重视幼儿教师的情绪管理。 (2)关注幼儿个体差异原则。要做到接纳幼儿的不同个性特征；鼓励幼儿表达不同观点；敏锐发现幼儿的不同需求与变化。 **幼儿园交往行动文化之——家园交往** (1)平等相处原则。要做到鼓励换位思考，互相理解；满足不同家长的需求；谨慎谈论幼儿的不足。 (2)互动合作原则。要做到培养教师的积极态度；目标一致，合力合作；加强教师的沟通技能。 (3)深入交往原则。要做到增加交往的频率；丰富交往的形式。 **幼儿教师学习行为文化** (1)关注教师学习整体性原则。要做到提供充足有用的学习资源；园长与教师有效沟通，做到期待与理解一致；以多元化路径激发教师主动发展。 (2)尊重教师学习个体差异性原则。要做到倾听并了解教师的学习需要；提供差异化学习培训。 (3)重视教师反思能力原则。要做到鼓励参与式学习、探究式学习和反思训练；给予教师反思的时间。 (4)重视团队合作原则。要做到营造宽松的团队学习氛围；组织多元化的团体学习。 (5)支持教师自主学习原则。要做到给予教师可自由支配的时间；以教师为主导，改变单向的学习模式。

续表3

专业能力（本体性能力）	基本指标	培养策略与途径
四、保教工作指导能力	1. 指导保教工作计划的制订	(1)看计划，想实践。结合园长进班看实践获得的第一手材料、信息，审视保教计划的适宜性和可行性。 (2)听思路，细沟通。倾听业务管理者的想法和思路，通过研讨的方式共同制订工作计划。
	2. 指导保教工作的组织与实施	(1)随机和定时进班相结合。 (2)共同经历实践，研讨分析问题，寻找解决办法。 (3)注重个别沟通技巧，树立园长威信。
	3. 对保教工作进行评价与反馈	(1)通过自下而上和自上而下双向结合的方式研究、制定评价标准，开展教育教学工作评价、幼儿发展水平评价。 (2)确保评价过程的公开公正。 (3)对评价结果进行反思与反馈。 •了解、分析和反思评价结果，予以奖励或查找问题原因，并改进、完善工作计划； •针对问题与教师或班级进行个别反馈沟通，引导教师调整改进。
五、卫生保健工作管理能力	1. 指导卫生保健工作计划的制订	(1)加强领导，有序安排。 •成立幼儿园卫生保健工作领导小组； •制定园所卫生保健检查标准； •依据标准定期对卫生保健工作进行检查； •了解当前卫生保健情况，依据所发现的问题制订相应计划并有针对性地予以指导。 (2)明确任务，制订目标。 •加强卫生保健人员的思想意识和学习，定期组织培训； •针对上学期出现的问题以及可预知的问题，明确本学期的工作任务，根据任务制定本学期要完成的目标。 (3)突出重点，要求明确。 •制订具体可行的措施，明确规定各项工作的内容及质量要求。
	2. 指导卫生保健工作的组织与实施	(1)明确卫生保健工作的任务与内容。 (2)加强卫生保健机构和设施建设。 •配备专职保健人员，设保健室； •重视卫生保健设施的配制，从行政上和经济上给予保障。 (3)完善卫生保健工作制度建设。 (4)加强卫生保健队伍业务能力建设。 (5)形成卫生保健工作程序。 (6)加强部门沟通与协作。 •成立相应的协作组织(如膳食管理委员会、卫生检查小组、安全保卫小组等)，来完成各项卫生保健工作。 (7)建立家园联系，共促幼儿健康成长。

续表 4

专业能力 （本体性能力）	基本指标	培养策略与途径
五、卫生保健工作管理能力	3. 对卫生保健工作进行评价与反馈	(1)完善检查与评价标准。 (2)多种评价方式相结合。 • 定期评价与不定期评价相结合； • 单项评价与综合评价相结合； • 阶段性评价与结果性评价相结合。 (3)建立科学的评价机制。 • 建立专门的考评小组； • 加强日常考评； • 完善考评程序。 (4)建立有效的反馈机制，及时反馈。 • 考核评价结果要及时公示； • 考核评价结果要正确反馈； • 考核评价结果要充分利用。
六、课程领导能力	1. 具备关于幼儿园课程及课程领导力的知识	(1)了解和反思课程领导和园长课程领导的概念、特征、构成要素、现实迫切性等。 (2)了解和反思幼儿园课程的概念、构成要素和我国幼儿园课程的历史发展等。 (3)结合实践进行反思和总结。
六、课程领导能力	2. 具备课程改革与实践的专业精神	(1)提升勇于课程改革和实践的自觉意识（专业自信、专业坚守、专业追求）。 (2)提升领导课程改革和实践的自主实践能力（研究幼儿、研究幼儿园课程、研究幼儿园文化）。 (3)促进自身在引领课程改革和实践的过程中不断自我超越（自我培训、专题培训）。 (4)不断反思，明晰课程的价值取向（把握关键要素，掌握方法策略）。
六、课程领导能力	3. 选择与规划幼儿园课程	(1)掌握课程选择与规划的原则，基于本园特点选择与规划课程。 (2)"博览"多家课程、多种课程表现形式。 (3)对比分析和深入分析，准确判断本园课程的现状和发展目标。 (4)在讨论和实践的过程中摸索、制订幼儿园课程规划，并着力实施规划。

续表 5

专业能力 （本体性能力）	基本指标	培养策略与途径
六、课程领导能力	4. 开发与建设幼儿园课程	(1)深入认识和理解课程开发与建设的含义，尤其是理解园本课程的含义。 (2)认识和了解园本课程开发与建设的背景和条件。 (3)掌握园本课程开发与建设的原则、方法与策略。
	5. 推动幼儿园课程实施	(1)构建推动课程实施的领导体系。 (2)推动和保障课程实施的管理制度建设。 (3)遵循推动课程实施的原则（课程领导是核心，发挥教职工的主动性，系统推进，共同愿景）。 (4)在参与和指导课程实践中推动课程实施。
	6. 组织和开展幼儿园课程评价	(1)深刻认识幼儿园课程评价的重要意义。 (2)了解和掌握幼儿园课程评价的功能、对象与类型。 (3)遵循幼儿园课程评价的原则（功能多样性，评价主体多样性，诊断和改进性）。 (4)掌握幼儿园课程评价的组织方法与策略。
七、教科研管理能力	1. 发现、筛选研究问题，把握研究方向	(1)双向互动，聚焦关键问题。 • 园长从自身经验、入班观察记录、家长问卷、教师访谈和上级文件精神等出发，结合园所发展现状，初步确定可作为教科研专题的内容； • 教师聚焦本班幼儿发展、家长工作、教育教学、班级管理等方面存在的突出问题，通过教研组等向园长反映。 (2)借助外力，为我所用。 • 积极与园外科研机构、高校、研修部门及各级主管部门沟通，共同分析并明确幼儿园的教科研思路和基本方向，保证教科研思路的科学性和研究的可行性，提升教科研方向的引领性。 (3)客观分析，准确定位教科研方向。
	2. 做好课题研究的过程管理	(1)园长亲自参与研究，把握教科研过程。 (2)定期了解、检查各项教科研工作的开展情况，做好阶段总结。 (3)合理配置资源，人尽其才，物尽其用。
	3. 总结、固化、推广教科研成果	(1)定期对教科研成果进行总结和梳理，进行阶段性总结。 (2)通过专业期刊发表教科研成果，扩大影响效果和范围。 (3)通过观摩展示的方式，分享和交流经验，进而提高教师的教科研能力。

续表6

专业能力 （本体性能力）	基本指标	培养策略与途径
八、队伍建设能力	1. 选拔、聘用教职工	(1)明确实施原则： • 理念层面：以德为先； • 专业层面：结构合理； • 方法层面：秉持原则； • 全局层面：可持续发展。 (2)选拔与聘用教师的实施途径与方法： • 要关注教师所实习的幼儿园的评价； • 要关注教师对面试问题的回答； • 需要借助一定的工具，有针对性地了解教师； • 保持开放的心态； • 与高校合作培养、选拔； • 要关注园所的可持续发展和人的可持续发展； • 要关注教师成长的关键期； • 要关注教师队伍中的特殊群体。
	2. 规划教职工队伍建设	(1)明确实施原则：先进性、前瞻性、计划性、独特性。 (2)教师队伍规划的实施途径与方法： • 进行教师队伍现状分析； • 明确教师队伍规划的理念与目标； • 明确教师队伍规划的具体思路与措施：自上而下型；自下而上型。
	3. 提升教职工队伍素质	(1)明确实施原则：师德为先、以人为本、质量为先。 (2)提升教师队伍质量的实施途径与方法： • 重视师德建设，提高教师道德素质； • 完善培训机制，有效支持教师专业发展； • 完善教师管理机制，调动教师工作积极性； • 促进教师专业化发展，提升教师队伍质量。
	4. 稳定教职工队伍	(1)明确实施原则：自主原则、幸福原则、服务原则、发展原则。 (2)稳定教师队伍的实施途径与方法： • 环境育人，文化聚人； • 双激励，满足教师需要； • 成就自我，享受幸福； • 心有所属，体验归属感。

续表7

专业能力（本体性能力）	基本指标	培养策略与途径
九、指导家长工作能力	1. 指导教师树立正确的家长工作观念，学习家长工作的基本方法	(1)引导教师树立家园共育的意识，明确家园合作的重要性。 (2)引导教师树立正确的家长观，明晰家长的角色定位，对不同类型家长进行分析，采取有针对性的工作方法。 (3)建立有效的家长工作制度和流程，比如，形成家园联系的"三会"模板： • 新教师家长工作的难题分享会； • 经验型教师家长工作的创意会； • 骨干教师家长工作的微课展示会。 (4)引导教师逐步掌握家园形成合力四部曲： • "拽"出来的前奏； • "顺"出来的精彩； • "引"出来的高潮； • "牵"出来的完美。 (5)指导教师学习、掌握家长工作的基本方法： • 讲课式指导和活动式指导相结合，以活动式指导为主，增强家长的主动性、参与性； • 选择家庭中教子有方的家长组成骨干队伍，促进指导活动的互补性； • 随机指导、个别指导和集体指导有机结合，提高指导活动的针对性。
	2. 关注教师与家长沟通能力的提升	(1)提升教师的沟通意识，通过案例分析、问题解答等引导其学习家园沟通的艺术，丰富其家园沟通的策略与方法。 (2)搭建现代化的家园沟通平台（如APP、微信公众号），增强家园沟通的便捷性、实效性、情感性。 (3)开展多种形式的家园沟通： • 随机面谈，彰显师者的智慧； • 集体沟通，亮出专业的水准； • 电话沟通，提纲挈领先梳理； • 书面沟通，传递浓浓的关爱； • 网络沟通，拉近心与心的距离； • 短信沟通，换位思考的理解； • 环境沟通，潜移默化的表达； • 家访沟通，倾听家庭的故事。

续表8

专业能力 (本体性能力)	基本指标	培养策略与途径
九、指导家长工作能力	3. 指导教师整合家长资源	(1)明确利用家长资源的原则: ・机会均等原则; ・双主体原则; ・幼儿为本原则; ・家园双促进原则。 (2)发挥家长的主观能动性,以多样化的形式、灵活多变的方法引领家长参与到教育中: ・家长委员会——人尽其才,资源互补; ・家长志愿者——凝心聚力,牵手前行。
十、公共关系协调能力	1. 与相关部门沟通、协调	(1)谦虚谨慎,好学多问。 ・要不断学习,掌握较为广博的知识,吸收各方面的信息。 (2)主动应对,用足政策。 ・注重采取多种形式与公众交往,并在交往中促进了解,沟通感情,促进发展; ・要主动、积极地宣传国家相关的法律法规和本园的办园理念、成果,争取各级领导、相关部门的重视和支持。 (3)长期规划,适度宣传。 ・建立幼儿园对外合作与交流机制,开放办园,形成幼儿园与家庭、社会(社区)及其他园所间的良性互动; ・加强幼儿园与社会(社区)的联系,利用文化、交通、消防等部门的社会教育资源,丰富幼儿园的教育活动; ・引导家长委员会及社会有关人士参与幼儿园教育、管理工作,吸纳合理建议。
	2. 整合、利用资源	(1)在观念上,树立任何资源都是可用的现代管理理念。 (2)在眼界上,要具有开阔的视野和独到的眼光。
十一、安全管理能力	1. 组织安全工作	全面了解幼儿园安全管理的基本形式和主要问题,对幼儿园安全工作的重要性有全面、深刻的认识。
	2. 预见安全隐患并提前预防	(1)建立科学、规范的安全管理体系。 (2)把安全教育融入一日生活,定期组织开展多种形式的安全教育和事故预防演练。

续表 9

专业能力 （本体性能力）	基本指标	培养策略与途径
十一、安全管理能力	3. 应对和妥善处理幼儿园突发事件	制订幼儿园安全应急预案，如公共卫生事件预案、社会安全事件预案、自然灾害安全预案、应急演练预案。
	4. 指导开展幼儿园安全教育	(1)面向不同人群开展幼儿园安全教育： • 对教师的安全教育； • 对幼儿的安全教育； • 对家长的安全教育。 (2)开展多种形式的幼儿园安全教育： • 文字资料的宣传教育； • 事故案例的宣传教育； • 亲身体验的宣传教育； • 走出去培训与请进来培训结合的宣传教育； • 日常生活中的安全教育。
	5. 管理幼儿园信息安全	配备专职人员管理网络，并对本单位的网络使用情况进行监督、检查。
十二、指导后勤工作能力	1. 指导后勤工作计划的制订	基于已有成绩，预测未来发展，制订切实可行而又鼓舞人心的必达目标，做到"长计划，短安排"。 • 集思广益汇问题； • 七嘴八舌说计划； • 管中窥豹订计划； • 逐层递进做计划。
	2. 指导后勤工作的组织与实施	(1)利用心理效应，营造适度、规范的激励环境。 • 瓦拉赫效应：资源优化配置； • 共生效应：前勤后勤齐心做； • 蝴蝶效应：精益求精共努力； • 鲶鱼效应：不拘一格降人才； • 南风效应：心平气和破难题； • 扁鹊兄弟治病：未雨绸缪有规划。 (2)认识"四个理解点"，强化"创新型"人才的培养。 • 理解前瞻性的教育观点； • 理解园所文化理念； • 理解幼儿的年龄特点； • 理解教师的思维特点。

续表10

专业能力 （本体性能力）	基本指标	培养策略与途径
十二、指导后勤工作能力	3.对后勤工作进行评价与反馈	(1)深入一线，发现问题，现场指导，及时纠错。 • 奖惩机制人性化； • 奖惩机制公开化； • 奖惩机制可操作化。 (2)开展不同类型的过程评价，如幼儿评价、教师评价、园所评价、自我评价、社会资源评价。 (3)搭建平台，进行多样化学习。

园长的专业发展，是对幼儿园园长职业的重新定位，对园长胜任岗位职责应具备的专业精神、专业知识和专业能力提出了更高的要求。通过与北京市一百多位优秀幼儿园园长的共同研究与探讨，分析影响园长专业发展的综合性因素，挖掘影响其专业发展的多种因素，探讨促进园长专业发展的策略，我们最终搭建出园长专业素养的结构框架，并在此框架的基础上编写成本套《幼儿园园长专业能力提升丛书》。丛书以领导力理论和心理学相关研究为新的理论支撑，目的是帮助广大园长从优秀园长专业发展历程中借鉴经验，明确专业发展意识，从而有目的地确定努力方向，从根本上促进园长个人专业发展，进而推进园长职业群体的专业化进程，实现园长专业化；同时为园长专业发展的研究提供事实和理论依据，也为学前教育管理研究奉献绵薄之力。

本套丛书包括11本分册，涵盖12项幼儿园园长应具备的专业能力（其中，政策把握、规划制订两项能力合为一册）。书中不仅系统梳理了每项专业能力的组成要素、培养策略与途径，而且贯穿设计了案例分析、办园经验分享、拓展阅读资料等多样化的板块，力求使这些专业能力真正做到"看得见，摸得着"，使处于不同发展阶段、不同类型幼儿园的园长更清晰地了解自己所从事岗位的专业要求、内涵以及实施路径，最终达到促进园所保教质量提高，促进幼儿全面、健康、快乐发展的目的。

参与本套丛书编写的作者都是北京市学前教育兼职教研员队伍"园长管理组"的成员。丛书是这个团队全体成员在四年的研究和探讨中，系统梳理工作经验、感悟和思考，提炼而成的有教育理念支撑、有研究过程思辨、有实践经验提升的教育成果。可以说，每一项专业能力都能体现和运用于园长与幼儿、与教师、与家长、与行政部门相处的过程中，每一本书都蕴藏着教育的智慧，都能带给人新的思考。更进一步说，本套丛书是"园长管理组"全体成员对我们所热爱的幼教事业的真诚回报。感谢参与编写的幼儿园园长、教研员以及提供案例支持的幼儿园。主编苏婧负责了整体策划及全书统稿工作。

  由衷地感谢北京师范大学出版社罗佩珍编辑，在时间紧、任务重的情况下，正是由于她努力工作，认真负责，本套丛书才得以顺利问世。

  期待着《幼儿园园长专业能力提升丛书》能为幼儿园管理者们提供有益的参考，也衷心希望幼教同仁提出宝贵意见。

苏婧
2017年2月

前 言

随着学前教育的迅速发展,幼儿园所数量不断增长,园长的需求也越来越大,一批优秀的中层干部或业务骨干走上了园长的工作岗位,充实到园长队伍之中。她们大部分在业务方面具有丰富的经验,是业务能手,同时也有一定的管理经验。但是,这些具有一定的理论功底和扎实的实践经验的新园长经过一段时间之后,她们就遇到了问题,并产生了这样的困惑——本以为自己最不擅长的是要统筹幼儿园各种大大小小的管理事务,保教工作、教研工作应该是自己最擅长的,结果发现当保教主任和自己沟通有关教研的工作时,自己却不知该如何指导,即便是已经在园长岗位上工作了很多年的老园长,也会发现自己好像不太会管理了,怎么都无法在教科研活动中让那些新教师投入到活动中去。于是大家开始反思园长与保教干部在教科研管理上有什么不同。站位不同,思考的问题也就不同,从对教师具体实践的指导到把握教科研的方向,特别是在当前教科研工作在某种程度上已经成为幼儿园发展的一个决定性因素的背景下,如何通过引领幼儿园的教科研工作,来促进幼儿园的可持续发展,是摆在园长们面前的现实问题。重视幼儿园的内涵发展,"科研兴园"已经成为幼儿园持续发展的研究主题。教科研工作在幼儿园发展中所起的作用越来越重要,甚至在某种意义上可以说直接决定了幼儿园的发展方向,成为幼儿园发展的一个核心动力。

2016年颁布实施的《幼儿园工作规程》中明确提出:"幼儿园应当建立教研制度,研究解决保教工作中的实际问题。"这也表明,在国家层面,也相当重视幼儿园教研工作的开展。

时代的变化和发展,对幼儿园管理者特别是园长提出了新的角色要求——研究型管理者,这就要求幼儿园园长在明晰教科研工作重要性的基础上主动提升,使自己逐步成为幼儿园教科研工作的带头人和引领者。深入持久地开展以园为本的教育教学研究,将有助于园长把握幼儿园发展现状,分析幼儿园发展面临的问题和挑战,形成幼儿园发展思路,促进幼儿园保教工作和教师队伍发展,进而推动幼儿园工作整体提升。

随着学前教育改革的不断深化,园长的办园自主权也得到了进一步的提升,幼儿园自主发展的同时就需要园长要有先进的办园理念和符合幼儿园发展实际的办园思路，创建幼儿园的特色品牌，不断提升幼儿园的保教质量和队伍的专业素质，从而促进幼儿的健康全面发展。园长作为幼儿园教科研工作的第一责任人，承担着队伍建设、氛围营造、方向把控、过程管理、成果推广等职责。《幼儿园园长专业标准》中，也将"领导和保障保育教育研究活动的开展，提升保育教育水平"作为园长的一项专业能力。因此，新时代的园长，应该在具备教科研意识的基础上，不断提高教育科学研究能力和教科研管理能力，真正成为幼儿园教科研工作的领导者、组织者、推动者和支持者。

本书正是基于此，从幼儿园教科研的概念、特点、性质等内容入手进行分析，明确了园长在教科研管理工作中的职责和作用，梳理了园长在教科研队伍建设、氛围营造、方向把控、过程管理以及成果推广等方面的思路；为园长能够站在幼儿园可持续性发展的高度思考问题提供借鉴，从而帮助园长在深入探索和研究的过程中，将幼儿园的办园理念、育人目标以及办园特色、园所文化与教科研相结合，从而促进幼儿园的整体发展。希望本书能对园长的教科研工作管理有所帮助。

本书是集体智慧的结晶。北京市朝阳区朝花幼儿园康靖玉园长负责前言和第六章部分内容的撰写；北京教育学院朝阳分院王艳云老师负责第一章的撰写；北京市农业部机关幼儿园韩佳格老师负责第二章的撰写；北京市海淀区恩济里幼儿园毕硕老师负责第三章、第四章和第五章的撰写；北京市朝阳区劲松第一幼儿园张伟利老师负责第六章部分内容和第七章的撰写。全书由王艳云和张伟利统稿。本书中引用了大量的幼儿园教科研工作的成果和案例，这些成果和案例带有幼儿园自身的特点，并不一定具有普遍性，旨在为大家提供借鉴和参考，希望对各位园长和幼儿园教科研管理工作者在开展园内的教科研工作时有所帮助。

编者

2017 年 1 月

目 录

第一章　幼儿园教科研工作概述　　001
　　一、幼儿园教科研工作的性质　　001
　　二、幼儿园教科研工作的基本形态　　005

第二章　幼儿园园长在教科研工作中的定位及能力构成　　016
　　一、幼儿园园长在教科研工作中的定位　　016
　　二、幼儿园园长在教科研工作中的职责　　024
　　三、幼儿园园长在教科研工作中的能力构成　　026

第三章　幼儿园园长的教科研管理——队伍建设　　029
　　一、幼儿园园本教研队伍建设　　029
　　二、幼儿园课题研究队伍建设　　033

第四章　幼儿园园长的教科研管理——氛围营造　　036
　　一、幼儿园园本教研文化建设　　036
　　二、幼儿园课题研究文化建设　　043

第五章　幼儿园园长的教科研管理——方向把控　　047
　　一、幼儿园园本教研专题的确定　　047
　　二、幼儿园研究课题的确定　　051

第六章　幼儿园园长的教科研管理——过程管理　　055
　　一、教科研过程管理的基本原则　　055
　　二、教科研过程管理的实施途径　　056
　　三、教科研过程管理的方法与策略　　059

第七章　幼儿园园长的教科研管理——成果推广　　090
一、幼儿园教科研成果的含义　　090
二、幼儿园教科研成果推广的意义与作用　　090
三、幼儿园教科研成果推广的途径与方法　　090

参考文献　　097

第一章　幼儿园教科研工作概述

一、幼儿园教科研工作的性质

(一)什么是教科研

教科研,有两种理解。一种理解是"教育科学研究",另一种是"教研+科研"。

"教育科学研究"就其最一般的意义来说,是一种有目的、有计划、有组织地对教育现象和教育存在进行认识与发现的活动,其根本目的在于发现教育规律进而构建教育科学理论以指导人们的教育实践。

"教研+科研",即教研工作与科研工作的统称。幼儿园教科研工作的实践告诉我们,幼儿园教师的研究与专业研究人员所从事的研究有很大不同。幼儿园教师的研究重点是解决保教工作的实际问题,发现做好保教工作的有效方法,促进教师专业发展,提高保教工作质量,而非"构建教育科学理论"。显然,幼教实践领域所说的"教科研",是第二种理解,即"教研+科研",是对"教研"工作和"科研"工作的统称。

教研,在中小学范围内原本指对教学工作的研究,即在一定的教育科学理论指导下,对学科教学中具体的教学现象和出现的实践问题进行微观的分析、研究,这种教研其实就是学科教学研究,所研究的内容直接来自于教学实践中的问题,研究的成果直接为教学实践服务,因此,它是具有群众性、普及性和应用性的教育研究活动。幼儿教育的内容和形式与中小学有很大区别,幼儿教育的理念是"一日生活皆教育",除了重点偏向某个领域的集体教学之外,还包括游戏活动、生活活动、户外活动、过渡环节等教育形式。因此,幼儿园教研活动的内容也更加丰富多彩,凡是对保教实践所进行的研究,都可以称为教研。

科研,是以教育理论为武器,以教育现象为对象,以科学方法为手段,遵循一定的研究程序,有目的、有计划地获取新的教育科学规律性知识的创造性实践活动。在进行教育科研的过程中,研究者将系统地采用科学的态度与方法研究教育现象，提炼教育经验，发现教育规律性知识。因此，它是一种较高层次的研究活动。在幼儿园教育实践中，科研，往往是"课题研究"的代名词。

那么，什么是课题研究呢？《现代汉语词典》把"课题"解释为："研究或讨论的主要问题或亟待解决的重大事项。"在"课题研究"中，课题是指为解决一个相对独立而单一的问题而确定的最基本的研究单元。所以，课题研究，指围绕一个相对独立而单一的问题而进行的研究。具体到实践形态，课题研究，还有另外一个外在标志，即"立项"，也就是研究项目（专题）获得相关部门批准或许可。当然，除了相关部门外，教师个人或幼儿园也可以自行确立研究主题，按照课题研究的路径和方法进行研究。

（二）幼儿园教科研工作的地位与作用

在关于教科研工作地位和作用的描述中，我们最常听到的就是"以教科研为龙头""科研兴园、科研兴教""提高教师专业能力、提升幼儿园办园质量的推动力"，等等。这些比喻，折射出了教科研工作在幼儿园工作中的地位和作用。

可以说，教科研工作在幼儿园工作中的地位至关重要，它是幼儿园各项工作中最为活跃的部分，是幼儿园教师成长的推动力，是课程发展的引擎，也是保教质量提升的重要途径。

课程改革对幼儿园和教师提出了新的、更高的要求，大量理念的落实需要幼儿园更新课程，需要教师进行教育教学研究，以寻找新的、更好的教育方法，这让幼儿园教科研工作的地位更加突出。

1. 教科研促进教师专业成长

幼儿园教师工作的复杂性决定了教师要经常面对没有现成答案的问题情境。这些问题往往是教师之外的他人无法帮助教师解决的，只有靠教师本人的努力。这就需要教师带着研究的态度去解决问题，将解决问题的过程变成行动研究的过程，即为了提高教育效果，改善教育行为，在工作过程中研究如何更好地开展工作。教师在反复的实践、思考、改进中，增长实践智慧，提升反思能力。

教育家孔子将人的智慧来源分为三种：生而知之（天生就懂）、学而知之（学习后懂）、困而学之（遇到困难，学习了才懂）。对于教师而言，教育情境是一个天然的实践场，身在其中，耳濡目染，自然会获得一些实践智慧。如果能够以一种研究的态度对待教育实践，主动学习、遇到困难积极想办法去解决，那么智慧积累的速度定会成倍增加。

实践也证明，凡是在某一方面有所建树的教师，必定是一个善于研究的人。

可以说，教科研是促进教师专业成长的有效途径。

2. 教科研提高教师的职业幸福感

教科研活动的一个重要目的和功能，就是促进教师发展。通过教科研，教师学会思考，学会研究自己的教育对象和教学工作，学会从另一个角度去看待自己的工作和生命的价值。苏霍姆林斯基曾说过，作为教师如果不研究事实就没有预见，就没有创造，就没有丰富而完满的精神生活，从而缺乏热情、因循守旧。只有研究和分析事实，才能使教师从平凡的事物中看出新的方面、新的特征、新的细节。如果你想让教师的劳动能够给教师带来乐趣，使天天上课不至于变成一种单调乏味的义务，那么你就应当引导每一位教师走上研究这条幸福的道路上来。

教育本身具有非常强的创造性。教师所面对的幼儿，每一次活动的教育目标、内容、方法、过程、材料，乃至教师本人的特点以及教学风格本身，都值得研究。教师通过自己的研究不断发现幼儿的秘密、教学的秘密和自己的秘密，本身就是一件非常有意义的事情。在教科研工作中，到处都能找到发现的快乐，也能不断提升教师自己的专业水平，期间，教师的职业幸福感必定得到提升。

3. 教科研提升教育质量

幼儿园的教科研工作是一种以教育实践为研究对象和场所，以幼儿园教师为主体进行的研究，它以研究自己实践中的问题，改进教育实践为本质，目的是改进教育教学质量，提升教师的专业能力，积累实践智慧，结果必然带来教育质量的提升。

案例 孩子们为什么"不跟我走"

在指导小班幼儿阅读图画书《小老虎的大屁股》的过程中，刘老师采用的指导方法是先给孩子们讲述重点页，再完整讲述。结果，她发现，孩子们拿到新书后都不由自主地往后翻看，老师几次提示他们看重点页，孩子们也不听。集体研讨时，刘老师提出了自己的困惑：怎么能让孩子跟着老师的讲述翻书，而不是"乱翻"。

针对刘老师的问题，教研主持人提出了一个问题：孩子不跟着老师的讲述翻书的原因是什么？

对于这个问题，老师们纷纷表达了自己的看法。这些看法主要有两种。

看法一：认为孩子们对后边的故事情节感兴趣，不停往后翻的原因是急于想知道后边发生了什么事情。

看法二：认为孩子们对图画感兴趣，在忙着看后边都画了些什么。

刘老师本人的意见属于第一种，她还自告奋勇说要修改教案，下周再指导另一部分孩子做一次阅读活动。

主持人表示支持刘老师的想法，同时带领早期阅读研究小组的老师们确立了下一次教研活动要讨论的问题：刘老师两次活动的方案和孩子的表现有什么相同和不同？你从中得到了什么启发？

基于第一次活动的教训，刘老师将指导方案调整为：先让孩子们看着图画书，老师进行完整讲述，再找出重点页讲述，最后再让孩子们看着图画书，老师进行完整讲述。

对于这个方案，早期阅读小组的老师们提出了质疑：上来就完整讲述，会不会牵制孩子的思维，削弱图画书在激发孩子想象力方面的作用？一次活动中安排两次完整讲述，会不会使孩子们失去阅读的兴趣？

对于这两个问题，刘老师有自己的想法，她认为，从本班孩子在第一次阅读中的表现来看，他们急于了解完整的故事内容，所以应该上来就安排完整讲述，以满足孩子们的需求。第二遍完整讲述是巩固孩子们对故事的理解，也很有必要。

第二次阅读活动如期进行。第一遍完整讲述时，大多数孩子的注意力集中在听老师讲故事，而没有看书，老师虽有意识地提醒但作用不大，到最后几页，老师只好把书面对着孩子们，让他们按照老师的提示语去找页码。相反，只有少数幼儿拿到书后就迫不及待地翻看，注意力在书上并没有跟着老师的思路走。在重点页的讲述和后边的完整讲述中，孩子们都有不顾老师的提示自己往后翻的现象。

第二次集体研讨时，刘老师自己首先根据本次研讨的问题对两次活动进行了反思，并总结了三点经验：

（1）小班幼儿拿到图画书时特别想看里面的图画，教师应该安排一些时间，让孩子看书，满足孩子的愿望。

（2）让孩子边听老师讲述边翻书的要求对小班来说太难了，教师应该在需要翻页时给孩子一些提示或暗示。

（3）阅读活动不能超出幼儿的年龄特点而设置目标，教师必须认真学习早期阅读的目标，牢牢把握小班幼儿的年龄特点。

当刘老师说出这三条经验时，脸上洋溢着自信而愉快的笑容。这是老师在经历了试误，有了新的有价值的发现时所产生的喜悦和满足感的表现。

这三点经验是刘老师通过实践自己建构的。这些经验是刘老师持续研究、不断思考的结晶。持续的研究与思考，不仅给刘老师带来了观念的更新、业务能力的提升，也带来了专业能力提升之后的职业幸福感。

（案例来源：北京教育学院朝阳分院　王艳云）

案例分析

苏霍姆林斯基曾说："如果你想让教师的劳动能够给教师带来乐趣，使天天上课不至于变成一种单调乏味的义务，那你就应当引导每一位教师走上从事研究这条幸福的道路上来。"研究的幸福，来源于教师经过探索解决了羁绊已久的实践难题，来源于与同伴切磋、讨论、辨明问题的过程，更来源于通过反复观察、实践、反思发现了幼儿，发现了教育规律。教科研，正是帮助教师实现专业成长、提升教育质量、获得职业幸福的一条光明大道。

二、幼儿园教科研工作的基本形态

（一）与幼儿园教科研工作相关的几个基本概念

如前所述，幼儿园教科研工作，主要包括教研和科研两种基本形态。但在"称呼"上，却衍生出了更多概念，如常规教研、课题研究、园本教研、日常教研等。清晰的概念是有效讨论的基础，所以，有必要先对相关概念进行区分。

1. 常规教研

"常规教研"即常规教学研究，是以教师保教实践中遇到的现实问题为中心，以保教工作实践研究为载体开展的研究活动，"常规教研"也常被称为"教研""日常教研"。常规教研有以下特点。

（1）研究目的更关注于解决当下问题

常规教研的问题直接来源于日常保教，研究目的更关注于解决当下保教实践中遇到的现实问题。可以说，日常工作中遇到的任何问题，都可以作为常规教研的内容。综合来看，常规教研的内容有两个来源。

临时出现的问题。例如，进入冬季，一位小班幼儿的家长要求教师每天给孩子换多套衣服——来幼儿园路上一套，进教室一套，户外活动一套，中午午休一套，午休后，还要按室内、室外、回家穿不同的衣服这样倒换。小班教师跟家长解释了很多次"不用这样换"，而且每次都指导家长应该怎样给孩子穿衣服，家长就是不听。这件事既给老师带来了困扰，也影响了家园关系。面对这样一个特殊问题，幼儿园就可以组织老师研究解决办法。研究人员可以是幼儿所在班级的教师，也可以是小班组的全体教师，还可以是全园教师。

出现频率较高的常规性问题。例如，怎样让刚入园的幼儿喜欢喝水？怎样让小班幼儿尽快学会整理自己的衣物？怎样安排好本月的主题教学活动？怎样安排好即将到来的节日活动？

(2)研究的周期可长可短

常规教研的特点是以解决当前问题为主要目的，其研究周期可长可短。问题解决了，研究就可以结束。例如，前面提到的"家长要求老师每天帮孩子换多套衣服"的案例，可能通过一次研讨就能找到有效的解决办法，也可能需要研究几次才能真正解决问题。研究的周期，完全看解决问题的进程，少则一次研究解决问题，多则一直伴随保教工作实践而存在，如关于主题教学活动的教研，因为主题活动是幼儿园的常规教学活动，所以其研究也应该伴随教学实践始终。

(3)研究过程灵活多样，随机性更强

与课题研究相比，常规教研对系统性、成果性要求不高，研究可以围绕相对固定的主题开展，也可以随着教学活动的开展随机生成新的主题。有以教研组为单位，定期开展的研究活动，也有根据研究问题随机组建研究群体，不定期开展的研究活动。

常规教研的人员也不固定，可以根据研究需要随机组建研究小组。

(4)对研究成果没有特殊要求

常规教研的研究成果直接体现为解决保教实践中的问题，没有撰写研究报告等特殊要求。

2. 课题研究

课题研究，也就是我们通常所说的"科研"，是指围绕一个相对独立而单一的问题所进行的研究，课题研究有以下特点。

(1)研究的目的更为深远

除了解决当前工作中的问题，往往还要解决表面问题背后隐藏的问题，让研究产生持续的效果。例如，同样是研究"怎样让小班幼儿尽快学会整理自己的衣物"，常规教研往往定位在解决目前小班幼儿面临的问题，课题研究除了解决目前小班幼儿面临的问题之外，还应该想到，小班幼儿整理衣物的过程中都出现了哪些问题，为什么会出现这些问题，怎样解决这些问题，目前研究的经验如何传承下去，待下一届小班幼儿入园时，如何防止出现这类问题或者如何更好地解决这些问题。

正因如此，课题研究在选题上更加严谨，一般会选择那些需要付出更大的精力才能解决的、制约保教工作质量的核心问题，如幼儿园数学教育游戏化的实践研究、积木游戏指导策略研究、幼儿园过渡环节组织策略的实践研究、小班幼儿自理能力培养策略研究等。这些研究，每一个都不是仅经过几次教研就能解决的问题，必须经过系统研究才能找到系统、有效的解决方法和策略。

(2) 研究深入、系统、周期长

与日常教研、常规教研相比，课题研究更为深入、系统。对一个问题的研究往往要沿着是什么、为什么、怎么样的线索进行。研究过程中，往往出现通过对一个问题的研究衍生出另一个必须解决的相关问题的现象。因此，课题研究的周期一般比较长，短则1年，长则2～3年，甚至更长。

此外，研究课题一旦确定，需要成立课题研究组，研究组成员相对固定，以便进行深入、持续的研究。

(3) 研究过程更具计划性、系统性

课题研究从研究问题的选择到研究过程确定都更为严谨，需遵循一套较为固定的步骤和程序，即确立课题—制订研究计划—实施研究—总结提炼研究成果—推广研究成果。具体到每一步，也都具有一定的程序性要求，如研究问题的选择，除了找到保教实践中存在的问题之外，还要通过查阅文献、实地调研等方式，进一步梳理问题，找到研究的核心问题并合理表述出来。研究计划的确定、研究过程的落实、研究成果的提炼与表达等步骤，也各有规范要求。

此外，课题研究往往要在某一组织(如各级教育科学规划领导小组办公室、各类教育学会等)申请立项，对于立项课题的研究，各个组织都有一定的规范要求。在课题研究的过程中需要遵循相关的规定。

(4) 研究更强调成果性

课题研究虽然也以解决保教实践中的问题为出发点，但其对研究成果的要求更为严格，需要有研究报告、案例集、专业书籍等作为课题的研究成果。

3. 园本教研

"园本教研"这一概念，产生于幼儿园课程改革的大背景之下，其提法借鉴了"校本教研"。所谓校本教研，就是为了改进学校的教育教学，提高学校的教育教学质量,从学校的实际出发,依托学校自身的资源优势和特色进行的教育教学研究。① 为了推进《幼儿园教育指导纲要(试行)》的实施,2006年3月,教育部基础教育司委托教育课程教材发展中心组织开展"以园为本建设项目",这个项目的目标就是借鉴中小学"创建以校为本教研制度建设基地"项目的工作经验,用五年左右的时间,建立和完善以园为本教研制度,提高幼儿教育质量,在全国建立一批起示范作用的基地和幼儿园。

"以园为本教研制度建设"项目以促进幼儿的发展和教师的专业发展为宗旨,以《幼儿园教育指导纲要(试行)》实施过程中教师所面对的各种具体问题为研究对象,以教师为研究主体,旨在通过研究和解决保教工作中的实际问题,提高幼儿园保教质量,努力把幼儿园建设成为促进教师专业发展的学习型组织。该项目研究关注的是在推行《幼儿园教育指导纲要(试行)》的背景下,教师学习、工作、研究方式的变革;教研活动的有效性、针对性;幼儿园学习共同体的建设;教研文化的营造,教研制度的创新。自此,园本教研迅速推广。因此,园本教研可以定义为:在幼儿园内开展的,以幼儿教师为研究主体,以幼儿教师在教育教学实践中所遇到的真实问题为研究对象,旨在促进幼儿教师专业发展,提高幼儿园保教质量的研究活动。②

园本教研的基本理念可以概括为:为了幼儿园,即园本教研的目的是为了提高教师的专业化水平,提高幼儿园教育教学质量,提高幼儿园的办学层次;在幼儿园中,即园本教研研究的主体是教师,研究的过程是教师的教育教学实践,是教师对自身的教育教学实践不断地加以反思、改进,获得教学质量的提高;基于幼儿园,即园本教研的基点是幼儿园,研究要扎根于本园的实践,以本园教师教育教学中出现的问题为出发点,解决现存的问题。

自我反思、同伴互助以及专业引领被看作园本教研的三个核心要素。③ 自我反思是教师对自己的教育现状进行深度思考,通过学习对自己做出分析,并理出思路来。教师个人的自我反思是开展园本教研的基础和前提。同伴互助是指教师在开展园本教研活动中进行互动与合作,如对话、协作、帮助。教师之间的互助合作是园本教研的标志和灵魂。专业引领是在专家或骨干教师的协助与带领下,在教师与专家、教师与骨干教师之间实现先进理念与教学实践经验的取长补短、

---

① 韩江萍. 校本教研制度的回顾与展望. 教育实践与研究,2006(16):4~8.
② 马虹,李峰,等. 幼儿园保教管理工作指南. 上海:华东师范大学出版社,2014:145.
③ 刘占兰. 园本教研的基本特征. 学前教育(幼教版),2005(5).

共同发展，进而形成相互启发、共同引领的格局。

作为一种实践性研究，园本教研有以下突出特点。

(1)研究内容来源于幼儿园保教实践

园本教研不是上级部门下达的命令，更不是上级部门布置的任务。而是幼儿园根据自身的保教实践，提出研究问题，围绕问题进行的探索。这些问题包括来自幼儿的问题(如班里幼儿洗手时的认真程度普遍不够，敷衍现象明显)；来自教师自身的问题(如教师把握不好区域游戏指导的尺度，不知道什么时候该去指导，什么时候不用指导，指导过程中可以用哪些方法)等。这些问题是幼儿园教育实践中现实存在的，这些都可以作为幼儿园园本教研的对象。

(2)教师是教研的主体

在园本教研中，教师是教研的主体。他们既是实践者，又是研究者；既是研究成果的创造者，又是研究成果的消费者和受益者。虽然教研过程中倡导专家和骨干教师的专业引领，但引领的目的是激发教师发挥主体性，进行更加深入的思考。所以，园本教研的主体，是参与问题研究的一线教师。

(3)强调教师个人、同伴、专业人员的合作

教师个人的自我反思、教师集体的同伴互助、专业研究人员的专业引领是开展园本研究和促进教师专业成长的三种基本力量，三足鼎立，缺一不可。

自我反思是园本研究最基本的力量，是教师专业发展和自我成长的核心要素，因此被看作是开展园本研究的基础和前提。教师的自我反思是反思，不是一般意义上的"回顾"，是反省、思考、探索、解决教育教学过程中存在的问题，它具有研究性质。教师的专业发展是一个不断地实践、反思、改进，再实践、再反思、再改进的螺旋式上升的过程。

同伴互助是教师同伴之间的对话。教师集体的同伴互助与合作是园本研究的标志和灵魂。只停留在教师个体身上的研究，不能实现幼儿园整体教育能力的提升。

专业引领实质上是理论对实践的指导，是理论与实践的对话。专业研究人员的参与，是园本教研具有深刻性和持续性的关键。

从园本教研的内涵及形成、发展的过程来看，园本教研并不是与"课题研究"相对的一种教研形式，而是一种制度或是一种理念，它强调"以园为本"的主旨。因此，只要是从幼儿园实践中来的，以教师为研究主体，目标及结果指向幼儿园发展的保教工作研究，都可以称为园本教研。

从这个角度来讲，只要是幼儿园根据实践需要开展的，以幼儿园教师为主，

结果指向提升幼儿园保教质量的课题研究工作，也属于"园本教研"范畴。

正因为"园本教研"的这些特点，本书没有将"园本教研"作为课题研究的对应形式，而是将"常规教研"作为与课题研究相对的概念。

(二) 教研与科研之间的关系

作为幼儿园教科研工作的两种基本形态，教研与科研之间既有区别又有联系，而且随着实践的推进，以及幼儿园教科研工作理念及能力的提升，两者之间的关系越来越密切。

1. 教研与科研之间的区别

幼儿园教研与科研在研究内容、研究形式与方法、研究过程、研究周期、研究成果等方面存在不同。

(1) 研究内容不同

从研究问题来看，教研研究的往往是日常教育教学中存在的，局部的、微观的问题。科研研究的一般是制约幼儿园保教质量提升的具有普遍性的深层次问题。教研研究的问题可以专题式的，也可以是零散的，不讲究系统性。由日常保教工作内容的复杂性决定，教研内容也随之多变。教育、保育、家园沟通等各方面的问题都可以成为教研工作讨论的焦点，而且内容与主题可以随着实践的需要不断变化。科研要研究的内容虽也来自保教工作实践，但研究内容的确立经历了再三的权衡，一旦确定为研究主题，就不会再轻易更改，而是要沿着事先确定的路径研究下去。

(2) 研究形式与方法不同

由于教研的内容多种多样，因而呈现出来的研究形式和方法也是多种多样的，既有长期的专题研究，也有为解决当下问题而进行的短期性甚至临时性研究；既有全体教师参与的统摄幼儿园整体的研究，也有部分教师甚至个别教师参与的小组研究。从研究方法上看，集体备课、看课评课、案例分析、经验交流等是进行教研工作常用的方法，"上课—听课—说课—评课"是常规教研中常用的教研模式；而科研工作常用的研究方法则包括问卷调查、访谈、数据收集、整理、分析、概括等，注重概括、提炼、探索方法和规律，"问题—设计—行动—反思和总结—发现问题"是科研常用的研究模式。

(3) 研究过程不同

教研工作从确立研究内容到中间实施再到问题解决，没有明确而统一的要求；而科研从问题确立到实施研究，再到成果梳理，都有比较明确而严格的程序。

(4)研究周期不同

教研工作由于其研究的内容往往不固定，所以研究周期也长短不一，有的问题一次教研就能解决，有的问题则需要经历较长的时间；科研则因为要对事先确立的研究专题进行深入、系统地研究，因而其研究周期一般较长，短则一年，长则几年。

(5)研究成果不同

常规教研的成果主要是解决实际问题，而科研的成果除了解决实际问题之外，还要求要有新的发现，如总结了新方法、发现了新规律等，并且注重将这些发现整理成课题研究成果，并尽可能地在一定范围内推广。

2. 教研与科研之间的联系

尽管教研与科研两种研究形态在研究内容、研究形式与方法、研究过程、研究周期、研究成果等方面存在诸多不同，但同为幼儿园的研究活动，两者之间又存在千丝万缕的联系，而且，随着教育研究的行动化、群众化，以前界限分明的"教研"与"科研"开始出现融合与一体化的趋势。从实践来看，有以下表现。

(1)教研主题化

常规教研与科研的不同，主要在于研究主题是否持续、研究人员是否固定、研究内容是否系统。实践中，很多人已经看到了课题研究能够围绕某一问题进行系统、深入的研究，能让教师获得更为透彻的思考，不仅能解决眼前的问题，而且可以丰富相关知识，提升教育智慧，对幼儿园教育质量的提升起着重要作用，于是，人们便将幼儿园的常规教研主题化、科研化。即使是常规教研，一般也是先通过问卷调查、访谈、观察等方法了解教师的实际问题与需求，再根据教师的实际情况对研究内容进行规划，按照一定的逻辑顺序展开，引导教师们一步步深入思考，最后既能解决实际问题，又能更新教师理念，丰富教师知识，提升教师智慧。

(2)教研课题化

随着研究的深入，常规教研中经常会发现一些制约保教质量提升的教师群体面临的重要问题。这些问题可以经过凝炼，升级为课题，进而进行更为深入、系统地研究。

案例　常规教研活动也可以成为科研课题

某新建幼儿园工作年限为1~2年的新教师超过教师总数的80%。一天，保教主任在查班时发现班里常规普遍不好，特别是过渡环节，幼儿秩序混乱、消极等待现象严重。于是，在中午的常规教研时间，保教主任组织老师们讨论大家在过渡环节遇到的问题。期间，老师们提出了很多困惑，如有的老师说，不知道过渡环节应该不应该组织孩子，因为平时老强调给孩子自主的空间，所以不敢组织孩子，而是让孩子自己喜欢做什么就做什么，但事实上，当老师不组织活动时，孩子经常会乱；有的老师认为还是应组织一些活动，因为如果不组织活动，孩子们往往无所事事，属于消极等待，浪费时间，但自己又不知道怎么组织。于是，在接下来的几次教研活动里，保教主任组织老师们就如何组织过渡环节进行了讨论，还请有经验的教师分享了自己组织过渡环节的好方法。随着讨论的不断深入，老师们发现，过渡环节的组织问题，既关系到幼儿教育的理念，又关系到幼儿保教知识和能力，如是该放手给孩子更多的自主空间，还是该老师多组织？不同的过渡（如由安静类活动向运动类活动的过渡、由运动类活动向安静类活动的过渡）环节各适合什么样的活动？等等，这些问题，不是几次研讨就能解决的，需要长期、系统的研究。于是，该幼儿园将"幼儿园过渡环节的组织策略"作为一项课题进行系统研究，带领老师们一起研究过渡环节的作用及意义、过渡环节的类型与组织策略，并聘请了园外专家给予指导。一个偶然发起的常规教研活动转化成了一个幼儿园的研究课题。后来，这所幼儿园又将这一课题申报了北京市学前教育研究会课题，北京市学前教育研究会在组织课题评审中，认为这个课题具有较强的研究价值和代表性，将其列为学前教育研究会重点课题。

（案例来源：北京教育学院朝阳分院　王艳云）

案例分析

过渡环节作为幼儿园一日生活中的中转站，因其非正式、松散等特点而被边缘化，很少被纳入研究的范畴，但对于80%都是新教师的一所新建园而言，过渡环节的组织成了教师们面临的一个大难题。过渡环节是不是要组织活动，组织什么活动等问题让老师们困惑不已，这也是老师们普遍面临的一个真实问题。于是，当小小的过渡环节成为一个群体面临的问题时，就非常具有研究价值，从而进入集体教研的范畴，进而升级为课题研究。

(3)课题研究常规化

在提出"园本教研"之前，幼儿园教师对课题研究与教研活动常持消极态度，原因是研究的主题和内容往往与教师的保教工作联系不紧密，教师参加教研活动的结果只是给自己增加工作负担，对实际工作没有多大帮助。如果将课题研究常规化，也就是将课题研究与教师日常的保教工作密切结合，使研究成果经过思考能从教师的工作实践中提炼出来，就能够激发教师的研究热情。

案例 让研究和工作紧紧地贴合在一起

某幼儿园在"以玩具和游戏材料为中介促进幼儿数学学习的研究"课题开展过程中，首先对教师的观念和实践进行了调研，发现教师在利用玩具和游戏材料促进幼儿数学学习方面存在误区：一是部分教师认为活动区活动是幼儿的自由游戏，不需要也不应该对幼儿进行干预和指导；二是部分教师不知道应该怎样对幼儿进行指导。而已有研究已经证明，在没有成人指导的情况下，幼儿在自由游戏中很少发生数学学习活动，玩具和游戏材料中所负载的数学教育功能自然难以发挥。因而，提高教师对幼儿操作过程的指导意识和能力，成为提高幼儿园数学教育质量的迫切需要。为了提高教师对幼儿操作玩具的过程进行指导的意识和能力，课题研究采用了让教师带着问题进行常规教学，最后总结、提炼有益经验的做法。每投入一套玩具，都要经过三个步骤的研究：第一步，教师研究玩具，目的是让教师把握玩具的特性和数学教育功能；第二步，观察幼儿的自由游戏，目的是让教师把握幼儿操作玩具的特点和兴趣倾向；第三步，对幼儿的游戏进行指导，实施指导策略，并根据幼儿表现对指导策略进行调整，目的是让教师通过与幼儿互动掌握一定的指导策略。做好每一步工作，都需要教师认真细致的观察和思考。为了保证教师观察、思考的方向性和目的性，课题负责人在每一步都提出了教师需要观察和思考的具体问题，并以书面材料的形式发给了大家。

第一阶段，研究、操作玩具，回答以下问题：

(1)本套玩具的基本教育功能和扩展教育功能各有哪些？

(2)如果利用本套玩具对幼儿进行数学教育，各个年龄段的切入点应该定在哪些方面？

第二阶段，观察幼儿，回答以下问题：

(1)幼儿在利用玩具干些什么(怎么玩的)？

(2) 幼儿对玩具的兴趣如何(坚持时间、注意力、表情、情绪)？

(3) 幼儿在游戏的过程中对数学问题的关注程度如何(谈话中涉及数学问题了吗，从动作看是否在探索数学关系)？

(4) 按照现在的玩法，玩具所具有的数学教育功能能否发挥出来？

(5) 幼儿操作玩具的过程是否需要指导？如果需要指导，我们可以采取哪些措施？

第三阶段，对幼儿操作玩具的过程进行指导并思考如下问题：

(1) 你对幼儿的游戏过程采取了哪些干预措施？

(2) 这些措施对于发挥玩具的数学教育功能效果如何？还有哪些需要改进的地方？（在观察幼儿表现的基础上回答）

(3) 设计下一步的指导方案。

这样，就将常规工作和课题研究密切结合起来，实现了课题研究的常规化。

在课题研究中，一个个问题将教师的关注点集中在幼儿的特定行为和日常教育的特定环节上，使教师对幼儿的行为有了更加深入的了解，进而对幼儿的行为和心理产生了浓厚的兴趣，观察的自觉性明显提高，反思能力明显增强。在以上案例中，正因为有了明确而具体的问题作为引领，教师们的观察和思考有了明确的目标和方向。她们带着目的去实践、观察和思考，每一阶段都积累了丰富的信息，并对这些信息进行了分析、整合，得出了一些很有价值的研究结论。同时，在对幼儿操作玩具的过程有了充分的观察和了解之后，教师们对幼儿如何学习数学，以及教师应该如何利用玩具促进幼儿的数学学习有了更加深入的理解，许多教师对幼儿数学教育产生了浓厚的兴趣，整个研究也达到了预设的目的。

(案例来源：王艳云．问题引领：提高教师观察能力的有效方法．幼儿教育(教育教学)，2008(17)：50~52)

案例分析

教师的教学经验是从实践中提炼出来的，是来源于实践而又高于实践的鲜活经验。上例中，正是在不断地寻求干预策略—检验干预策略—调整干预策略的过程中，老师们对玩具、对幼儿、对幼儿通过玩具所进行的数学学习的理解在不断加深，所采取的干预策略渐趋合理，对幼儿如何通过玩具学习、教师如何指导的规律的认识也日渐深入。经验是理性思考的产物，而这些思考离不开

> 实践，必须在实践的基础上经过不断反思得来。
>
> 　　教师的经验需要在实践中去积累，教师的想法需要在实践中去检验，教师的观念需要在实践中去提升、转变。研究应该成为促进教师亲近孩子进而走近孩子的催化剂，而不应该成为隔离教师和孩子的隔离剂。

　　课题研究和常规教研一体化，能够很好地体现研究为教师发展和教学服务的宗旨。这一状态的实现，需要一个条件保障，那就是："园本"问题，即问题是来自教育实践的真问题，是教师自己的问题，而不是别人的问题。可以说，园本化，是实现教研与科研一体化的前提。

第二章 幼儿园园长在教科研工作中的定位及能力构成

一、幼儿园园长在教科研工作中的定位

幼儿园实现可持续发展，离不开教科研工作的螺旋式提升，离不开一支务实奋进、业务精良的教师队伍，更离不开一名充满智慧、精于管理、引领发展的园长。园长作为幼儿园的最高行政负责人，对外代表幼儿园的形象，对内主持幼儿园的全面事务。[1] 在教科研工作中，园长虽不承担具体的事务性工作，但却引领着整个教科研工作的方向，掌控着文化氛围，推动着整个工作的有效开展。园长在教科研工作中作为引领者、营造者、推动者与支持者，发挥着重要的统领作用。

(一) 方向的引领者

园长的岗位职责和角色决定了园长即是园所发展的领跑者，同时也是园所发展的总设计师，幼儿园朝着什么方向发展，如何发展，发展的速度、节奏如何，是园长作为决策者、规划者、引导者、塑造者必须面对的问题和担当的责任。[2]

园长应该提高专业素养，做专业的引领者，这已经是专家和各类幼教机构的共识。作为幼儿园各项工作的第一责任人，园长必须对幼儿园教育教学进行研究，在研究中带领教师发展，帮助教师成长。肩负着引领教师成长的重任，更应该成为专业的引领者。这就需要园长在不断地理论和专业知识的研究学习中，提高专业素质和素养，树立学术威信，在专业问题上为教科研提供有效的支持，通过专业的教育理念和价值判断把控教科研的方向。

参与其中，引领者也是"把握方向"的参与者。园长通过参与确立具体的研究思路，把握教科研的定位、教科研方向与内容。具体来说，园长作为教科研活动中"把握方向"的参与者，需要决策的问题包括如何选准研究方向，教科研内容

---

[1] 桑鲁萍. 浅谈新时期幼儿园园长的作用及具体管理方法. 新课程学习(上)，2011(8).
[2] 苏婧. 探析优秀园长应具有的素质和能力. 学前教育，2015(4).

能否解决园所、教师或幼儿发展的问题，幼儿和教师通过教科研活动会有怎样的收获等。同时，园长还要引领教科研团队的成长与发展，提升教科研教师在实践中发现问题、解决问题的能力和素养。

资料链接

幼儿园教科研的管理策略

园长在教科研管理方面应该既能通观全局，出良谋善策，又能工于具体，巧识妙用，实现一般性管理向策略性管理的飞跃，使教科研管理高质高效。

首先，应理顺教师日常工作与教科研的关系。园长对教师的各种工作要进行分析归类：第一类，日常教育教学活动，包括上课、游戏、生活活动的计划与组织；第二类，教育研究；第三类，其他工作，包括开课、个案选择、观察记录、家长工作等。对教师工作进行梳理后，要指导教师将工作作为整体来看待。例如，某园有位教师的研究专题是"对幼儿学习歌表演的研究"，故而应指导她将日常教育教学作为研究载体，同时把其他工作作为完成专题研究的重要措施，如个案选择主要针对在歌表演中表现特殊的幼儿，开课的学科主要是歌表演，观察记录重点是观察幼儿在歌表演中的行为表现，家长工作也应以此为中心展开。这样做增强了教育教学活动的计划性、目的性，保证了每位教师教育研究的落实。

其次，应制定科学合理的教科研分层要求。为保证全园教师都参加教科研，又为了能使每位参加者获得成功体验，园长应根据各人能力，从实际出发，提出分层分类要求，分类主要从研究层次、承担研究任务的复杂度、论文写作的科学水平等方面来进行；分层主要以教师工作年限、职称高低、实际研究水平等方面来划分。例如，某园在进行省级立项课题"幼儿园创造性韵律活动设计与指导研究"中，采取以下步骤：先将课题研究难度及每位教师能承担研究任务的可能性进行分析，再将教师分为三层来分别承担任务。此课题中不同的研究任务及分层情况如下。第三层为教龄8年以上具有较高研究水平的高级教师，要求他们独立承担此课题中三个分课题的研究，担任研究中的主要实践者。三个子课题分别是"基本动作顺序研究""情感及社会性研究""各年龄班创造性内容的研究"，组长也分别由其中的三位教师担任。第二层为具有5～8年教龄的一级或高级教师，要求他们能独立进行子课题中某个问题的研究，如子课题之一"基本动作顺序研究"中的研究内容有"模仿动作的顺序""基本舞步的序列性""民族舞蹈动作的顺序"等，子课题之二"情感及社会性研究"中的研究内容有"规则教育""合作教育",等等。第一层为具有5年以下教龄的二级、一级青年教师,要求他们能按照集体讨论的方案中的具体要求实施某次活动,并担任资料的收集员及实践中的观察者。由于任务分配适合每位研究者,故而保证了研究任务的落实和完成。

(资料来源:吴邵萍.幼儿园教育科研的管理策略.早期教育,2000(3):26)

(二)氛围的营造者

1. 营造善研乐研的研究氛围

教科研精神文化是在长期实践与探索过程中形成并传承下来,是被所有管理者和教师普遍认同的价值取向与心理诉求,是幼儿园教科研活动精神风貌的集中体现。教研组文化是教研组成员之间的规范体系,是教研组成员自觉维护的精神和价值观念体系。

苏霍姆林斯基说:"如果你想让教师的劳动能够给教师带来乐趣,使天天上课不至于变成一种单调乏味的义务,那你就应当引导每一位教师走上从事研究这条幸福的道路上来。"园长作为教科研工作的第一负责人,应树立民主、开放、合作、创新的工作理念,鼓励教师主动研究问题,大胆表达,促进教师间的有效互动,提升教师科学研究素养;通过观摩交流、共读好书、专题论坛等多种方式,创建学习共同体,营造浓厚的学习氛围,形成学习型组织;营造全园积极向上、上下沟通顺畅、教师善研乐研、活动温馨丰富的教科研氛围。

2. 形成双向互融的合作氛围

团队缺乏合作精神,会导致成员间深层次的沟通与交流障碍,从而增加团队内部的矛盾与冲突,使得成员各自的能力、积极性、创造性不能向着同一方向进行整合,从而难以形成合力实现团队共同的目标。在幼儿园教科研工作中,园长作为氛围的营造者,其重视程度、素质水平、领导方式等都在很大程度上影响着教科研团队的合作氛围,进而影响着教科研工作的效果。

在相互信任、共同参与的教科研气氛和环境的基础上团队成员才能有效合作并取得成效。园长要引导教师从以往被动的执行者、追随者的角色转变为积极主动的参与者,互通互融,共同参与领导与决策,使信息从封闭环境内的传递转化为开放环境里的流动,自上而下、自下而上双向传递,在信息的流通与教师主动性的发挥的基础上,形成双向互融的合作氛围。

3. 创设尊重、和谐的文化氛围

文化本质上是一种人类生存方式,对人有潜移默化的教育力量,优秀的文化能够丰富人的精神世界。园长应当重视幼儿园文化在教科研中的价值引领、目标激励、情感陶冶和行为规范等教育功能，综合运用环境陶冶、思想宣传、制度规范、活动渗透等方式，形成教科研文化特色，营造陶冶教师情操的教科研氛围和积极向上的精神家园。①

资料链接

培育园本研究文化的实践探索

园本研究是基于幼儿园，以促进教师、幼儿和幼儿园的发展为宗旨，以开展行动性研究为基本方式，以建立教师为主体的学习型组织为交流平台，促进教师自主成长的教育研究活动。园本研究文化，则是幼儿园和教师在长期的教科研工作实践和共同学习生活中不断积累、形成和发展的价值导向和精神风貌，是幼儿园文化的重要组成部分。

园本研究文化追求的核心，是让研究成为每一个教师的生活方式，让教师在自主参与、反思和研究中，彼此思想碰撞，交流互助，发现问题，解决问题，改善教育行为，领悟教育技艺，激发创造潜能，建构教育智慧，形成教学特色，促进自身专业化发展，进而推动幼儿园文化建设，促进幼儿园的持续发展。

以某一幼儿园为例，为了培育该园的园本研究文化，管理人员和教师们主要从四个方面进行了实践探索。

一、构建和谐共生的幼儿园文化是培育园本研究文化的基础

和谐共生的幼儿园文化是激活教师研究主体意识的根本。因此，把园本研究文化建设置于幼儿园整体文化背景下来思考，在构建和谐共生的幼儿园文化中，培育教师良好的职业态度和团队精神，为互助、合作、共享的研究文化奠定基础。

首先，构建幼儿园共同愿景。通过和教师们共同学习、研究、讨论和实践，全园上下形成了共同的奋斗目标，并转化为具体的语言要求，帮助教职工理解愿景，如"牵着手教育、蹲下来倾听、抱起来交流""成长无法代替，发展必须主动"，以此引领教职工将愿景逐步内化为自觉行动。

其次，建立平等民主的对话管理模式。干部随时随地保持与教职工畅通无

---

① 冯江英，石路. 领导力理论视野下的园本教研管理机制探析. 教育导刊(下半月)，2011(5).

阻的沟通，如每次全体大会教师"精彩5分钟"的自由发言；每次业务学习和政治学习前15分钟，教师们就幼儿园管理的某一专题开展的"即兴论谈"；每月一次的"干群聊天"活动，等等，都激发教师以主人翁的姿态来参与幼儿园的一切活动。

最后，重视团队建设，倡导"大气"文化，引导教师在赏识、悦纳中体验心灵的对话、生命的成长，追求做人、为师的高境界。例如，为教师办理购书卡、为教师集体过生日、开展拓展训练、带着宝贝去野餐等活动缓解了教师的压力，让教师感受生活在集体中的温暖快乐。

二、构建有效的园本研究机制是培育园本研究文化的保障

科学有效的园本研究制度是对园本研究文化建设的一种规范。因此该园立足幼儿园实际，完善了幼儿园园本研究制度建设方案，以开放性、实践性、主动性为园本研究原则，以自培、互动、共享为园本教研的核心理念，通过制定各种管理制度，确保让每一位教师"把研究的东西做出来，把做着的东西说出来，把说出的东西再研究，把再研究的东西提升出来"，亲身体验"研—做—思—提升—做"这样一个循环往复、螺旋上升的过程。

在加强保教常规管理的基础上，制订和完善了教科研的组织管理、研究过程管理及成果管理等七大类制度。教科研组织管理制度，包括园本研究的园长管理制度、教研活动常规管理制度、教研组管理制度等；教师教育研究制度，包括理论学习制度、教学反思制度、备课上课等教育常规制度等；幼儿园内部教研交流制度，包括集体教研制度、集体备课制度、师徒帮带骨干引领制度、研讨观摩交流制度、教育沙龙制度等；幼儿园内部园本研究服务制度，包括教师研究专业支持制度、园本培训制度，等等；激励制度有《教科研奖励办法》《教科研优秀教师评选标准》等。

健全的组织机构是有效开展园本研究的保证。为此该园成立了幼儿园教科研领导小组，履行决策咨询、理论辅导、教科研指导及协调职能；设立了教科研室，负责规划、指导、管理和调控教科研工作；成立了不同层次的研究组，如行政研究组、骨干教研组、各年龄班教研组；建立了园长、保教主任、教科室、教研组、课题组这样立体的教科研组织机构体系。

三、发挥教师主体价值是培育园本研究文化的关键

园所的发展依赖于教师的成长，而教师的成长更主要的是依赖于教师自身内部强烈的成长动机、发展意识和目标方向。因此，我们把促进每一个成员的自主发展作为打造园本研究文化的关键。

对于教育的理想与信念是激发教师投入教育与研究的内驱力，所以我们首先要增强教师的职业价值感、自豪感和成就感，使教师主动认同并承担起传承文明、启迪智慧、润泽生命的责任。同时，引导教师进行个人职业发展规划，寻求自主发展。比如，通过"亮点展示""我的发展交流"等活动引导教师在反思中认识自我，认识自我发展的方向。最重要的则是通过各种方式为每位教师提供自主发展空间，如开展以教研组为单位的自荐教学观摩研讨、全园性的自荐观摩研讨、骨干教师观摩研讨、自荐教研组长等活动。

四、开展有效的园本研究是培育园本研究文化的根本

以往的园本研究中存在着一些误区，比如缺少对幼儿的实际发展的关注；不善于围绕问题进行合作学习；缺乏敞开自我的相互评论；研讨止于讨论，缺乏行为跟进；理论与实践脱节，或只谈理论，缺乏课例载体，或只罗列现象，抓不住关键环节，缺乏理性的诠释，等等。

走出误区，是开展有效园本研究的核心。该园通过点、线、面相连接的系列专题教研活动逐渐引领教师走出误区。点：从教师身边、教育教学中遇到的小问题入手，点滴改进，付诸行动，取得成效，增强信心。线：围绕《幼儿园教育指导纲要（试行）》和《3—6岁儿童学习与发展指南》的精神，将教师发展的热点、难点问题，梳理成问题链，开展系列研究。面：逐步形成有幼儿园特色的龙头课题，全园投入，分工协作，持续深入地研究。

通过不断反思和实践，该园总结并明确了在行动中研究的三个环节。

环节一：问题的梳理调查与归因

问题1：我们遇到的是什么问题？

问题2：该问题主要有哪些表现？

问题3：该问题是普遍性问题还是特殊性问题？

问题4：出现这个问题的可能原因是什么？

问题5：该问题对教育教学可能有何影响？

环节二：问题的对策设想与行动计划

问题1：研究将改变教育教学的哪些方面？

问题2：其中最值得探索的是哪些方面？

问题3：以往工作和研究中是如何解决该问题的？

问题4：最适合自己的解决问题的办法是什么？

问题5：实施中可能会遇到的影响因素有哪些？

环节三：反思、总结并形成建议

问题1：研究初期对问题的界定是否明确？

问题2：行动措施是否取得预期效果？实际操作性如何？

问题3：需要对建议做哪些完善与修改？

问题4：研究的实际效益如何？

问题5：还有需要进一步探索的问题吗？

理念在行动中清晰，内容在行动中丰富。在这样持续不断的深入研究中，教师的问题意识增强了，教育思想得到了丰富，研究能力获得了提升。

通过园本研究文化的培育，该园改变了教师各自为战的工作状态，形成了共同研究幼儿、共同研究教育策略和方式、共享经验和成果的学习共同体，幼儿园逐步向学习型组织发展。

（资料来源：王恩侠. 培育园本研究文化的实践探索. 学前教育，2014(11)：58～59）

(三) 教科研实践的推动者与支持者

只有得到园长的大力支持，教科研工作才有可能得到扎实地、长久地发展。园长对教科研工作的支持与推动作用，主要表现在以下方面。

1. 制度保障

建立健全教科研制度，教科研工作应有章可循。此外，还要监督教科研制度的落实情况，健全教科研管理制度和激励机制，加强制度保障，推动教科研活动的开展。

2. 资源支持

创造适宜的教科研条件。例如，为教师提供专业书籍及现代化的教学设备，多媒体、电脑等，让教师获得更为全面、立体的信息；挖掘外部资源，聘请幼教专家来园进行指导或为教师提供外出学习交流的机会，让教师接触先进的理念和超前的教育模式。

资料链接

幼儿园管理者在教师发展中的角色定位

一般来说，业务管理人员的专业能力较强，她们在教师中具有一定的权威。然而在现实中，往往有相当部分的业务管理人员自认是"教师的教师"，不管是新手教师、熟手教师抑或是能手教师，都要对其业务进行一番指导。事实上，如果管理人员不能端正态度，合理地处理与一线教师的关系，总认为自己的专业水平高人一等，那么不仅会误导幼儿园业务的发展方向，更会挫伤那些有真才实学的教师的专业进取心。因此，笔者认为，业务管理人员在专业活动中还应有"退一步海阔天空"的胸怀，学会尊重、倾听并适当采纳那些真正"术业有专攻型"教师的意见或建议，营造健康的科研氛围，做教师专业成长的支持者。

在开展的"园本科研促进幼儿教师专业成长策略研究"实践中，幼儿园管理人员反思了长期以来园内采用的园本教研活动模式，即由保教组定期组织教学观摩与评议活动。虽然这一方式在促进教师专业成长和提高教学质量方面均起到了一定作用，但活动也存在一些问题。首先，它忽略了教师间合作意识的培养；其次，活动缺失"教育行为跟进"环节；最后，这类活动逐渐畸变为业务管理人员的"一言堂"，教师的自由自主发展受到阻碍。

通过研究发现，若要解决以上问题，需改变固有的教研模式，代之以"普遍推广""一课多上"的新模式，从教研组、保教组等多个层面去营造良好的研究氛围。通过研究—实践—再研究—再实践的教研过程，教师在既严谨又宽松的研讨环境中大胆地说、自由地说，通过畅所欲言分享各自观点，促进了教师自身的专业成长。在课题研究中，幼儿园先后开展了以"骨干教师优质课观摩""青年教师赛课""新教师献课"为主题的系列研讨活动，以每一期教学活动为契机，进行"一课多研"，全园上下形成了良好的教研氛围。

另外，幼儿园借助以上研讨现场，通过"说、看、评"相结合的方式促进了教师的专业发展。"说、看、评"既是幼儿教师必备的专业素质，也是教师自我反思、同伴互助的有效途径。一位具备良好反思能力和群体合作意识的教师，其专业成长一定优于其他教师。因此，在园本教研的研讨过程中，尽可能锻炼每位教师的"说、看、评"能力：对于新教师，要求其"尝试说、能够看、敢于评"；对于青年教师，要求其"会说、会看、会评"；对于骨干教师，要求其"说得清、看得准、评得深"。

在与教师的日常交谈中，在教师的业务随笔中，笔者能够听到、看到教师对目前这种通过园本培训，立足教学活动，开展"说、看、评"教研方式的认可。同时，笔者也感受到了在"说、看、评"活动中教师日益提高的积极性和与日俱增的自信心。

（资料来源：李隽.幼儿园管理者在教师发展中的角色定位.中国教育学刊，2011(S1)：18～19）

二、幼儿园园长在教科研工作中的职责

职责，是指任职者为履行一定的组织职能所承担的一系列工作任务，以及完成这些工作任务所需承担的相应责任。

《幼儿园园长专业标准》中指出，园长是履行幼儿园领导与管理工作职责的专业人员。《幼儿园管理条例》和《幼儿园工作规程》明确指出："幼儿园园长负责幼儿园的全面工作。"其中《幼儿园工作规程》第36条对全国各类幼儿园园长的主要职责做出了如下规定：①贯彻执行国家的有关法律、法规、方针、政策和上级主管部门的规定；②领导教育、卫生保健、安全保卫工作；③负责建立并组织执行各种规章制度；④负责聘任、调配工作人员，指导、检查和评估教师以及其他工作人员的工作，并给予奖惩；⑤负责工作人员的思想工作，组织文化、业务学习，并为他们的政治和文化、业务进修创造必要的条件；关心和逐步改善工作人员的生活、工作条件，维护他们的合法权益；⑥组织管理园舍、设备和经费；⑦组织和指导家长工作；⑧负责与社区的联系和合作。

园长工作职责具有统领性和全面性。园长作为教科研工作的第一负责人，承担着引领、推动和支持教科研工作的任务，相应地也承担着人员配置、气氛营造、方向把控、过程管理、成果推广等职责。

(一) 研究人员配置

人才理念是园长管理理念的重要内容。园长管理工作主要是对人的管理，任何工作最终都要落实到"人"的行为上，教科研工作的开展同样离不开人才的力量。在教育科学发展的今天，研究已不再是单打独斗，而是强调人才队伍的力量。教科研工作水平与成效，很大程度上取决于教科研团队的整体素质。选择与培养一支优秀的教科研团队是园长教科研工作中的首要职责。发现每位教师的特点与优势，人尽其才，才尽其用，通过园长的管理智慧，使每个人都能充分发挥自己的才能，做适宜的事；并且让所有的事，都能有合适的人去做。

1. 组建团队

建设一支善学、善研、善教的幼儿园教科研队伍，为幼儿园发展注入人才力量。园长要选择与培育一支有凝聚力的教科研团队，通过形成共同愿景，在活动中合作与分享，与教师共同参与领导与决策，再上下互动的管理过程中，形成流动、开放的教科研共同体，发挥团队核心领导力，实现由"我"到"我们"的转变。

2. 管理团队

教科研队伍管理包括教科研机构管理、教科研团队管理和教科研人员管理。即组建科研机构体系，明晰岗位职责，为教科研管理工作的规范开展提供组织保障，即通过人员选拔与培训，创建共同愿景，建立激励调动机制，打造更加优秀的教科研团队。

(二) 营造教科研氛围

营造良好的教科研氛围是提高教科研工作水平的有效途径，也是园长的重要职责所在。一般而言，影响工作绩效的原因是多方面的，通过提高教师待遇、弹性工作制度以及一些激励手段来提高教师的工作绩效是园长在教科研工作中普遍采取的方式。然而也有研究证实，除了传统的外部措施外，还可以通过营造良好的文化氛围来提高教师的工作绩效，尤其对于一些在物质方面相对欠缺的基层幼儿园来说，营造良好的教科研氛围更是至关重要的发展路径。

(三) 把控教科研方向

在教科研工作中，园长是舵手。园长对教科研方向的把控，直接影响教科研工作的整体方向。园长应是具有远见卓识的规划者和引领者。

首先，提升教育理念的解读力，用先进的理念引领方向。园长应深刻认识并理解当前幼儿教育政策、课程理念及幼儿发展理论，并能将专业理念直接应用到教科研实践中，指导教科研的工作方向。

其次，园长应具有对幼儿园发展现状的敏锐的判断力。即能够在深入分析、审视幼儿园教育实际状况与发展困境的基础上，找出制约幼儿发展的现实问题及其影响因素，并将其纳入教科研内容体系中。

(四) 管理教科研过程

过程指事物发展的中间状态，是事物发展变化的程序。幼儿园教科研过程管理是指对幼儿园教科研工作的客观程序实施的管理。过程管理是园长在教科研过程中通过计划、组织、协调、控制等管理手段，科学配置并有效使用各种资源，促进教科研过程良性发展、确保教科研既定目标实现的管理方式。过程管理具有目标指向性、实践能动性和发展创新性，是提高教科研水平的有效途径。园长应通过参与研究过程，使教科研工作发挥最大效能。

(五) 推广教科研成果

教科研成果是指对某一教育问题，有计划地通过积累资料、实证研究和逻辑思考等活动所取得的创造性成果，它具有社会价值和学术价值。其中社会价值是指教科研成果在教育的改革与发展中的价值。[①] 教育对象不断变化，将已经获得的研究成果，在新的教育对象中进行再实验，也是一种推广应用。并且在推广应用的同时，已有的成果也得到了进一步完善和发展。推广教科研成果是教科研工作中的一个重要环节。成果推广工作的时效性，影响着教科研成果效益的发挥和教科研工作的可持续发展。

三、幼儿园园长在教科研工作中的能力构成

园长要有真才实学，有基本的科学文化知识，扎实的专业理论知识，精于管理，这样才能实行"内行"领导。

《幼儿园园长专业标准》中指出园长要立足能力为重的理念。应秉承先进的教育理念和管理理念，突出园长的领导力和执行力。园长应不断提高规划幼儿园发展、营造育人文化、领导保育教育、引领教师成长、优化内部管理和调适外部环境等方面的能力；坚持在不断的实践与反思过程中，提升自身的专业能力。

《美国托幼机构园长资格认证规范》中表明，园长是否胜任是专业人员的关注点。在充分考虑园长应具备的必要条件后，研究者概述了获得园长资格证要拥有的5项能力要素：①受教育的总体情况。②关于早期阶段或学龄阶段方面的知识和技巧：发展、护理和教育方面的基本理论。③管理知识和技巧：描述的10项管理知识和技巧能力。④经验：实际工作的经验。⑤专业素养：在6项领导情境中表现的专业素养。

能力是知识、智慧和技能在实践中的综合体现。园长应具备的教科研管理能力如下。

（一）专业精神

园长要"德""才"兼备，才能做好幼儿园的教科研工作。教科研工作的系统管理与筹划，首先需要园长具备专业精神，在"德"上下功夫。

专业理念是把控教科研工作方向的基石。这就要求园长要加深对幼儿发展整体性、阶段性、差异性的理解与认识，树立正确的儿童观；理解教育本质，把握教育方式方法，形成正确的教育观；同时，端正对幼教工作的态度，明确对园长角色、职责的认识，特别是明确园长在教科研工作中的职责，树立正确的职

---

① 许银海，郝霞. 对中小学教育科研成果评价问题的思考. 教育实践与研究，2005(24).

业观。

专业品质作为一种隐性因素，在很大程度上影响着教科研管理工作的实施效果。园长应具有积极主动、公平公正、勇于担当等个性品质和终身学习的意识，并且应具备奉献精神、服务意识和爱岗敬业的职业精神。

（二）专业知识

教科研工作是引领幼儿园教育逐步实现专业化的系统工作。园长具备扎实的专业知识是做好工作的前提。专业知识包括通识性知识、专业性知识和实践性知识。园长除了要具备教育学、心理学、学前教育的基本知识外，还要具备幼儿园管理基本知识，尤其是保教、科研方面的知识。实践性知识是指园所文化建设知识、促进教师或幼儿发展的教育教学指导与评价相关知识以及危机管理等应激性知识。

（三）专业能力

1. 发现、筛选研究问题，把握研究方向的能力

树立问题即目标意识，找准关键问题，确定目标，把握方向，实现突破。一方面，园长作为领导者和园所发展方向的把控者，要分析当前园所的发展现状，根据发展愿景，制订教科研的短、中、长期目标，进而确立不同阶段的任务、计划与具体措施；另一方面，园长作为教师队伍专业成长的引领者，要协助教师制订个人专业发展规划，通过教科研引领教师实现专业成长。园长应善于灵活运用目标管理法，建立目标管理体系，增强教科研工作的方向性，使园所工作始终围绕预期的目标与发展方向有序地运转，同时将教师个人发展与组织发展目标结合起来，提高幼儿园教育质量与效益。

2. 课题研究的过程管理能力

管理过程具有动态性、周期性、创造性等特点。美国管理学家戴明把管理过程归结为计划、执行、检查、总结四个循环运作的环节。为了保证教科研管理过程高效运转，园长须建立相应的组织体系，合理授权，明确分工，细化职责，完善制度，开展丰富多样的教科研活动。

3. 总结、固化、推广科研成果的能力

科研成果的固化和推广，一方面有助于将科研成果在园内进行传承，为园所的可持续发展注入动力；另一方面也是打造园所品牌与特色，提升影响力，将优秀科研成果惠及更广泛群体的必要途径。在科研成果总结、固化和推广工作中园

长具有核心作用。

园长需具备的专业能力，除上述本体性能力外，还应具备一定的延展性能力。延展性能力包括学习、反思、创新能力。在当今社会的创新驱动下，园长也必然要与时俱进，提高捕捉、筛选、加工信息的能力，提升科学文化艺术素养，建设学习型组织，将终身学习作为促进专业发展、改进工作的重要推动力。

第三章　幼儿园园长的教科研管理
——队伍建设

幼儿园教科研活动是基于幼儿园而进行的研究，其主要实施者为幼儿园的保教人员，另外还辅以一些幼教专家以及其他外来人员，目的在于使保教中所暴露出的不足得到有效的弥补，打造更加专业化的队伍，促进保教质量的有效提升。但是，幼儿园教科研活动的主体还是幼儿园的一线教师。

一、幼儿园园本教研队伍建设

(一)教师是教科研的主体

幼儿园的教科研活动基本上是围绕幼儿园展开的。换句话来说，教科研活动的对象是幼儿园，最终目的在于促进幼儿园的良好发展。幼儿园教科研工作就是要围绕幼儿园当中出现的问题，充分依靠教师，借助于专业知识着力研究这些发生在教育教学过程中的问题，以期使教育教学能够得到有效的改进。总体而言，教师、幼儿园以及教学问题都属于幼儿园教科研的构成要素。幼儿园的教科研工作主要解决的是幼儿园在实践中遇到的实际问题，而非纯粹的理论问题，这就决定了幼儿园教科研工作的主体是幼儿园一线教师。因此要形成由教师、幼儿园行政人员及专业研究人员组成的研究共同体，体现教师在教育实践活动中表现出来的自主性、自为性、独立性和创造性。教师在幼儿园教科研工作中扮演着非常重要的角色，在此过程当中发现问题以及进行研究，能够享受研究成果的都是教师。

1. 教师是研究问题的发现者

在教学的过程当中，幼儿园教师所遇到的问题，经过教师自身的总结和归纳之后，最后成为幼儿园教科研工作的研究对象，因此，这些问题是建立在幼儿园基础之上的。从发现问题、归纳和梳理问题，一直到制订相应的措施，期间的各个环节均有教师参与。因此从这个角度来说，教师能够更好地掌控这些自己身边的问题。幼儿园教科研工作的对象基本上都出现在实际的教学过程当中。教学过程中出现的问题也许仅仅是个例，只存在于个别的教师身上，也许具有普适性，很多教师可能都遇到过。

2. 教师是研究开展的执行者

首先，在确定了需要研究的问题后，教师们必须要全面的研讨这些问题，找出问题的根源，并且在充分考虑自身实际情况的基础之上制订出与幼儿园实际相匹配的措施；其次，这些已经制订好的措施要交给教师负责落实；最后，要综合评价和检验方案的实施效果，对其中所存在的不足进行再次研究，方案进行完善后是否已经将之前存在的问题处理了，是否没有注意到其中的一些因素，是否产生了新的问题，需要改进的问题有哪些，这些都要认真地加以分析和考虑，并且这项工作需要全园教师通力合作，加强彼此之间的沟通。除此之外，还要聘请专业人员协助进行方案的修订，然而对于专业人员而言，和教师彼此所形成的关系是对话性的、互补性的，其中的主体永远都是幼儿园教师。

3. 教师是研究结果的受益者

首先，教师借助于幼儿园的教科研活动能够使自身的教育实践能力和理论水平得到提升和改进。对于教师而言，幼儿园教科研工作开展的立足点就在于使教师教学中所出现的问题能够得到有效的解决，最终就是要使教学能够得以改进，这种改进既可以是丰富自身的理论，也可以是改进教学实践。其次，能够提高专业水平。对于教师而言，今后不仅要会教学，还要能够进行教学研究，也就是必须要有相应的研究能力。这里的研究能力有别于专业人员，其主要体现在，它对教师的能力要求更加细致：不仅要能够熟练地掌控教育情境，同时还要善于发现问题，能够研究教育教学中所出现的一些疑难问题，除此之外，还要能够在教育实践中应用和检验研究成果。

> **案例** 在解读中学会懂得孩子
>
> 当教师渐渐学会观察、发现孩子时，他们就会自然而然地想要解读孩子的行为及其背后的原因。这时，教师就会产生主动进行专业学习的需求。正如某幼儿园一位教师所说："看到孩子们的游戏，我才发现自己懂得太少，我还得去学习更多，才能读懂孩子、更好地支持孩子。"这是促进教师提升专业水平的又一契机，我们所要做的是提供更多的物质和制度上的支持，并鼓励教师做自己想做的事情。例如，为教师提供下列平台，支持教师相互交流、分享、学习。
>
> • 大主人论坛。每位教师都可以选择有价值的专题，申请主持"大主人论

坛"开展研讨。论坛形式多样，可根据教师需求进行调整。比如，有教师看了著名的演讲"从标准到个性化的教育革命"后，组织了一次专题讨论，与大家分享了"教育不是工业零件的批量生产，它更需要如农业那样'因地制宜'进行个性化的培养"的理念，同时交流解读了部分教师的实践案例。

• 工作室研习。教师可以打破时间、地点的界限，根据自己感兴趣的专业话题自由组合开展研讨，并将讨论内容进行录音，事后再进行文字梳理、解读，使专业研讨更灵活随机，更体现过程性。

• 行知月刊。我们选择教师聚焦的话题，通过定期的编排，以文本的形式实现教师的专业分享。月刊的板块有行知话题、行知论苑、实时资讯、保教沙龙、行知大事记、行知悦读、温馨一刻等。

• 行知BBS网上论坛。我们建立了行知BBS网上论坛，打破了时间、地域的局限，使教师的互动研讨更灵活多样。论坛主要分为智库、语录、群策、童言无忌四个板块。智库——包括推荐学习和培训的资料；语录——包括专家语录和行知语录；群策——教师可以提出各种问题在此和大家讨论；童言无忌——可以记录孩子有意义的表达、表现，体现了良好的师幼关系。

通过不断学习，教师渐渐学会了如何用专业的知识去解读自主游戏中孩子的行为，使自身的专业发展进入了更高的层次。比如，大班案例"沉默的'消防员'"。小王平时沉默寡言，游戏时也总是一个人玩。有一次，教师虽然通过观察知道他在玩"消防员灭火"的游戏，但是对他的有些行为仍不太理解。于是教师反复观看游戏视频回放，并与小王进行交流，发现自己的主观感受和小王的真实感受反差很大，逐渐了解了小王拿积木、拖长凳、放皮球、找竹梯等行为背后的原因，并借助专业知识解读了孩子行为背后的意义。

（案例来源：郑莉，张勍．基于幼儿自主游戏的教师专业发展．幼儿教育（教育教学），2016(6)：39～40）

（二）明确教科研目标，引导队伍建设

对于幼儿园教科研工作中的队伍建设而言，最为核心的就是要建立起相应的目标机制，它不但直接决定了幼儿园教科研工作的方向，而且还会对幼儿园教育工作的发展趋势产生重大的影响，引导教科研队伍的建设与发展。所以，在幼儿园教科研活动实施的过程当中，非常重要的一个环节就是确立较为健全的目标机

制，围绕为了能让幼儿有一个良好发展环境的核心目标，将幼儿园的教科研工作定位于"服务于幼儿发展"，结合教师队伍现状，通过教科研工作目标来引导幼儿园队伍建设。

(三)建构幼儿园教科研工作组织机制

在幼儿园的教科研组织管理活动当中，扮演导引角色的，也就是所谓的主轴就是组织机构。该机构包括四个不同的层级，最初级的层次为班级教研组，最高级的为全园教研组，中间分别为年级教研组以及课题教研组。作为最初级层次的班级教研组，组长在研究过程中主要扮演着对各个教师进行统领和指导的角色，同时还需要向年级组长或课题组长提交总结出的问题；年级组长负责领导年级教研组开展具体的研讨工作，组员一般都由年级保教人员组成，针对问题和解决方案编制相应的报告，对于自身无力处理的问题要在第一时间向幼儿园大教研组报告，扮演着桥梁的角色；课题组长和教研组长共同对相关的课题进行研讨；园长主要负责全园教研组工作的开展。

(四)健全园本教研服务机制

园长只有充分地认识到幼儿园教科研工作的重要性，并给予充分的支持才能够确保此项工作高效地进行。园长要利用所拥有的资源建立健全相应的服务机制，从而确保幼儿园教科研工作顺利进行。此外，还要充分激发教师的工作热情，使教师能够抛却一切顾忌，将自己的最大精力用于幼儿园教科研工作。

除此之外，还要提供必要的管理策略支持。其一，时间上的保障。作为园长，要认识到教科研活动时间对于教科研工作的直接影响，尽量保证每个月教科研活动的时间和频次能够得到确定。教科研活动的时间一旦确定，切忌经常更换。幼儿园教师事务烦琐，将教科研活动的时间固定可以帮助教师们预留时间，以备更好地完成一日或一周的工作计划。在每次教科研活动之前，提前将问题或任务发给教师，给予教师充分思考的时间，对于研讨后形成的方案，也留给教师充足的时间去操作、去验证。其二，经费上的保障。例如，聘请专家、购买书籍、添置音像设备、印刷学习资料、外出观摩等，经费的保证在某种程度上可以为幼儿园教科研工作提供充分的物质条件和保证。[①] 幼儿园教科研活动经费应该

---

① 刑春娥. 通过反思日记提升幼儿教师实践性知识的策略研究. 长春：东北师范大学，2009：65.

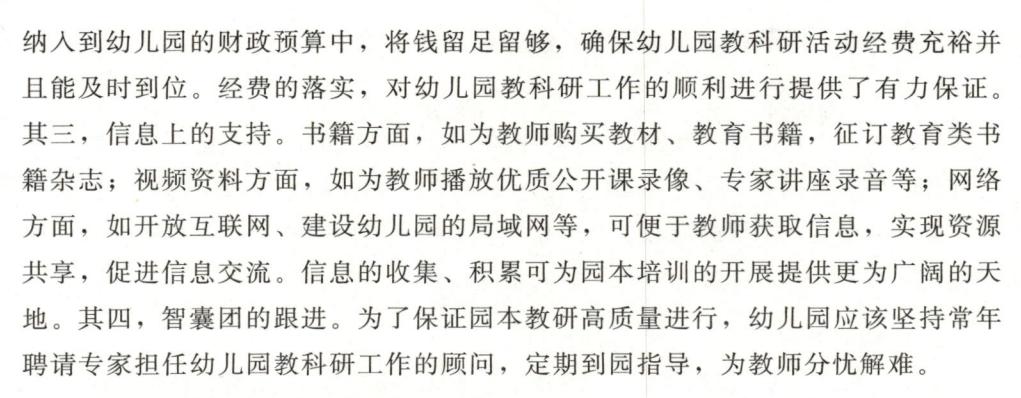

纳入到幼儿园的财政预算中，将钱留足留够，确保幼儿园教科研活动经费充裕并且能及时到位。经费的落实，对幼儿园教科研工作的顺利进行提供了有力保证。其三，信息上的支持。书籍方面，如为教师购买教材、教育书籍，征订教育类书籍杂志；视频资料方面，如为教师播放优质公开课录像、专家讲座录音等；网络方面，如开放互联网、建设幼儿园的局域网等，可便于教师获取信息，实现资源共享，促进信息交流。信息的收集、积累可为园本培训的开展提供更为广阔的天地。其四，智囊团的跟进。为了保证园本教研高质量进行，幼儿园应该坚持常年聘请专家担任幼儿园教科研工作的顾问，定期到园指导，为教师分忧解难。

二、幼儿园课题研究队伍建设

幼儿园课题研究队伍建设，其实就是幼儿园以课题为中心，以课题组为单位，开展行动研究，以实现创建学习型组织、持续改进团队发展。课题组在自我探索中积极寻找改进和变革的路径，发展持续学习和适应改革的能力。

（一）建立支持性监控制度

园长需要建立支持性监控制度。课题研究或者课题研究过程中的教学实验，与日常教学工作相比，在时间安排、人员配备、资料收集等方面存在差异，因而往往需要打破固有的、统一的评估标准，给教师们更多实验的空间。园长在实施监督检查时，需要根据幼儿园课题研究的具体情况制定相应制度，以促进课题研究持续、有效地进行，并且以保留教师专业自主权为前提。[1]

（二）明确教科研成员作用

园长要明确教科研成员在贯彻《幼儿园教育指导纲要（试行）》中发挥着十分重要的作用——即对全园教师的专业引领和支持，要达到的最终目的是帮助教师在研究的过程中学会研究，即学会自己发现问题、提出问题、自我反思进而达到自己梳理思路，能够学会解决实践中的问题提高自身专业化水平。

在学习与反思比较中发现自身不足，重新定位角色意识和角色任务，课题组成员的角色应是：学习者、研究者、实践者、引领者、服务者、思考者。其任务应是：成为幼儿园教育教学共同的研究者，教师专业发展的支持者、合作者、引领者。[2] 要做到尊重教师，倾听教师，鼓励教师，适时帮助，同时又必须学习在

---

[1] 周玉立. 幼儿园课题管理现状的个案研究. 南京：南京师范大学，2014.
[2] 王利明. 天津市区国办幼儿园与乡村幼儿园教师教育教学能力的调查报告. 天津市教科院学报，2011(3)：54.

先，思考在前，做教师专业化发展的促进者。

1. 更新研究观念

园长必须比较清楚、准确地了解教师的需要和实践的问题，在教育教学中抓住有普遍代表性的、比较重要的本质问题进行研究；放下"权威"的架子，以平和、虚心的态度，平等的观念，向幼儿学习，向一线教师学习，在观察与对话中了解教师的真实需求和实践中存在的问题等。

2. 关注研究过程

对每次的研究活动进行反思，重视来自教师的反馈，不断调整研究的方式并解决出现的问题。在研究的过程中，强调研究方案的执行与落实，并在此过程中，验证研究的假设或前期成果，从中发现新的问题或寻求新的突破。同时，在研究过程中，要注意研究过程资料的收集与整理，并在此基础上进行系统分析和提升，总结不同阶段的研究成果，为下一步的研究提供借鉴，奠定基础。

3. 提供专业支持

针对教师的共性与个性的问题，组织有针对性的研修活动。由过去单纯按照计划、凭经验去实施研究活动，到现在教研研什么？培训修什么？要通过多种途径调研了解一线教师的需求，并进行研究，找到有效的方式方法，有针对性的组织开展围绕教师实践工作中急需解决的问题的研究活动（如：针对教师对各个领域特点及核心价值认识不清楚的问题，组织开展有针对性的学科领域案例研究的研讨活动，并组织开设专家指导课程），同时把握好贯彻《幼儿园教育指导纲要（试行）》的大方向，促进教师专业成长，如在组织研究活动中，注重引导教师学会反思。教师作为《幼儿园教育指导纲要（试行）》的实施者就要成为学习者、研究者，就要学会自我反思。在教育实践中要经常进行反思性教学，这体现了教师的研究性学习，它是教师的一种自我学习、自我提高。在组织教师进行研究活动时要注重引导教师在反思教育教学的过程时把握以下几点：

①回顾——发现、明确教育实践中的问题；

②分析——找出问题的"症结"；

③假设——设计一种或几种解决问题的办法；

④验证——将所有设计的解决方法付诸实施，实际尝试解决问题；

⑤总结——分析、验证结果，发现新问题或找出新假设。

这是一个循环往复的过程，只有在这个过程中，教师自身的专业素养和整体水平才能不断得到提高。①

4. 园长的自我修炼

作为课题负责人，园长要有一双会发现的眼睛，善于发现具有研究意义和价值的问题。教师有哪些真实的需要是需要园长带着课题组成员去思考的。要了解教师们内心的想法，就要针对解决教师的实际真问题去进行研究，透过教师的教育行为，不断发现问题不断学习与提高，从书中学习，向一线教师学习，向专家学习。这就要求园长：要有对教科研工作的高度认识；要有精益求精的工作精神；要有勤奋敬业的工作态度；要有登高远望的宽阔胸怀；内练素质，要有积极进取的学习能力。

---

① 谷素华，杨国燕，张瑜. 教学反思视角下的教师专业化成长. 教育与职业，2010(11)：42～43.

第四章 幼儿园园长的教科研管理
——氛围营造

幼儿园教科研工作的开展受到教科研氛围的影响,而氛围的营造与幼儿园的文化,特别是教科研文化具有密切的关系。文化,特别是幼儿园文化能够深刻地影响幼儿园教科研建设,对于目标设定也具有决定性的影响。较之于学校文化而言,幼儿园文化与其有着共同点。众所周知,幼儿园在长期的发展过程中所逐渐形成的师幼文化、制度文化等均属于幼儿园文化的构成要素。所以,对幼儿园文化而言,绝不能只注重某点,而是要将所有的文化构成要素都包含在内。

一、幼儿园园本教研文化建设

对于幼儿园而言,其灵魂所在就是其所具有的文化,这是一种价值观的体现,其中不仅包括了所有教师和幼儿的愿景,而且还有最终的发展目标。所以,在幼儿园的发展过程中,幼儿园文化的作用不可估量,它既能够统领幼儿园的发展,又能够有效规范幼儿园的发展。一所幼儿园的核心文化必定是积极向上的,必须要能够综合多种不同的要素,能够充分地体现出育人的基本教学理念。然而,幼儿园文化要想使教育认同充分地体现出来,就必须使其有效的融合到保教以及日常工作当中。其中,幼儿园文化与园本教研之间具有非常密切的关系,一方面,幼儿园文化是园本教研开展的土壤,幼儿园文化能推进园本教研的开展,为园本教研的开展提供方向与规则。缺少幼儿园文化渗透的园本教研是空洞苍白的。另一方面,园本教研活动的整个过程,包括教研理念、组织形式、教研原则、教师主体地位的确立等都蕴含着丰富的文化因素,教师开展园本教研的过程,也是建构、积淀幼儿园文化的过程。[1]并且以教师为研究主体的园本教研也是转变教师观念意识、建构幼儿园新型文化的有效途径。因此,幼儿园园长在教科研管理过程中,要积极推进幼儿园园本教研的文化建设,进而促进教师园本教

---

[1] 杨恩泽. 学校文化建设研究综述. 西北成人教育学院学报,2012(5):57.

研的能力，更好地管理教科研。①

（一）园长应自觉成为园本教研文化建设的领导者

在构建幼儿园园本教研文化的过程当中，园长最终需要哪些东西，对哪些内容是反对或支持的，对教职工的评价标准是什么，在带队伍方面应遵循什么样的信念，这些都是要考虑的。所以，园长自身的价值观必须要正确且积极向上，以奉献为荣，全力维护集体利益，要不断地创新思维、解放思想，不断地提升自身的技能水平，加强学习的自觉性，并且要通过学习来促进创新目标的实现，最终构建符合幼儿园特色的园本教研文化。②

（二）在园本教研中培育教师的精神文化

幼儿园精神文化，就是在不断的发展中所构建的需要大家共同遵守的价值理念，以及对之进行承载的行为模式。苏霍姆林斯基认为，精神对于一个学校至关重要，如果不能够构建属于自己的精神王国，那么就失去了其存在的意义。由此不难看出，构建幼儿园精神文化是构建幼儿园文化的关键。③ 而在此期间最为主要的内容就是幼儿教育以及教师彼此的非制度化合作。通过较为独特的方式，幼儿园文化在影响人的过程当中能够对幼儿园整体产生相应的作用，而文化，特别是教师文化能够深刻的影响到园本教研设置。安迪·哈格里夫斯按照不同的类别对教师文化进行了划分，在他看来，教师文化通常由四种不同的形式构成，比如个人主义、派别主义，等等。对于个人主义文化而言，就是每个教师都是独立的，彼此之间的合作力度不够，他们往往不会相互沟通自己在教学中遇到的"疑难杂症"，同时也不会去关注别人会采取何种方式来解决问题。派系同样也存在于幼儿园教师队伍当中，教师针对所出现的教学问题往往都会求助于派系内教师，各个派系之间也是彼此孤立的。信任和沟通是形成自然协作文化的前提条件，并且这种文化并非是约定俗成的，也不带有强制性，完全出于自愿，因此很难进行预测。比如，行政领导以及相关的规定都会影响到协作文化的形成，尽管教师也会通过相互协作来完成任务，然而这种合作基本上都受制于行政命令，而并非出于自愿。因此，在构建园本课程的过程当中，要想使教师能够充分地参与其中，最有效的途径就是自然协作，在幼儿园文化当中，最重要的文化构成要素

---

① 张文娟．幼儿园文化建设：园本教研的推动力．淄博师专学报，2016(1)：16.
② 姚艺．对幼儿园文化建设的初步思考．学前教育研究，2004(9)：52.
③ 彭兵．开展园本教研，推进幼儿园文化建设——武汉市"以园本为本教研制度建设"项目推进策略．学前教育研究，2008(8)：43.

就是自然协作的教师文化。教师的合作对于构建幼儿园园本教研至关重要,在园本教研活动当中,教师属于主体,如果大家不能够确定相同的目标并为之付出努力,那么就无法保证顺利地开展园本教研活动。自然协作的教师文化同样也适用于幼儿园,在设计园本课程的时候,要通过文化凝聚,吸引教师主动的参与其中,不能受制于派别主义和个人主义文化。

首先,使教研充分融合个人的修养,促进教师文化育人能力的有效提升。幼儿园能够开展园本教研活动时往往具有很好的基础,然而在课程改革的过程当中,不可避免地会遇到共性的问题,也就是教师普遍缺乏较高的专业技能和素质水平,需要进一步建立健全科学的知识结构,需要增加在教育实践方面的智慧。所以,在实施教研活动的同时,也要注重提升教师的专业素养。园本教研要能够使教师的多元化需求尽可能的得到满足和尊重,要对教师培训内容进行全面地梳理,培训的主要内容在于师德,重点在于培养和提升教师的实践能力,使教师的教育行为能够在先进教育思想的影响之下得到规范,不断提升自己的文化品位,拥有更高的教育智慧。

其次,对教研方法进行调整,使教师的思维方式变得更加理性,实现思考的独立。也就是说要将教研方法的改进作为园本教研活动开展的关键点来抓,以使得通过此项活动能够产生更为可观的效益,促进教师专业能力的有效提升。在具体的教研活动过程当中,要力争所有的教师都能够参与其中,从中随机抽取相应的执教者,这样能够保证效率,也就是所有的听课教师都必须要提前就评课相关事宜做好准备,以便于更好的阐述自己的见解。除此之外,还应当将"案例研究法"等应用到专题讨论以及课例解析当中。其中,教师借助于"案例研究法"能够更好地解决现实中所遇到的问题,能够充分融合不同的观念,从而提升自身的认识水平;教师借助于"教育叙事研究法"能够使自身的教学实践智慧得到提高。

最后,在研究过程中必须要保持务实的态度。[①] 要深入开展园本教研,追求研究的实效性,可以大力推行"提问(疑惑)—研讨—策略获得—行为改进"的研究方式,扎扎实实地开展每一次园本教研活动。在开展教研活动时,找准问题是教研活动成功的起点,确保教师的主体地位是教研活动开展的关键,既要保证教师对教研活动享有建议权、参与权与选择权,还要保证教师"研有所得",即通过每

[①] 彭兵. 开展园本教研,推进幼儿园文化建设——武汉市"以园本为本教研制度建设"项目推进策略. 学前教育研究,2008(8):40~43,48.

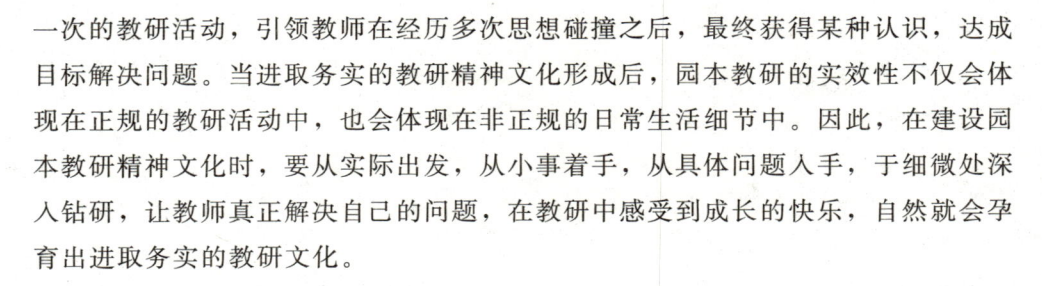

一次的教研活动，引领教师在经历多次思想碰撞之后，最终获得某种认识，达成目标解决问题。当进取务实的教研精神文化形成后，园本教研的实效性不仅会体现在正规的教研活动中，也会体现在非正规的日常生活细节中。因此，在建设园本教研精神文化时，要从实际出发，从小事着手，从具体问题入手，于细微处深入钻研，让教师真正解决自己的问题，在教研中感受到成长的快乐，自然就会孕育出进取务实的教研文化。

> **案例** 别出心裁的"教育沙龙"
>
> 　　11月18日，对某幼儿全体教师来说是个特别的日子。放学后，大家齐聚在装饰一新的音乐厅举行了以"家长工作的艺术"为主题的"温馨沙龙"活动。活动分A、B、C三组（抽签产生），各组自行推选主持人、书记员、服务员、摄影师各一名，在轻柔的音乐，美味的食物，温馨和谐、自由宽松的交流氛围中，全体教师畅所欲言，对各自家长工作中的金点子以及困惑的问题等进行了心与心的交流，之后各组书记员对每组的研讨情况进行了总结交流，业务园长就此课题做了专题辅导。最后，全体教师在园长的带领下为师幼美好的未来唱响了《同一首歌》，将整个沙龙活动推向高潮。从活动开始到结束，教师们一直尽兴地沉浸在兴奋和幸福之中，并直言：这样的精彩下次再来！教研成效可想而知。
>
> 　　（案例来源：王朝红．魅力园长，和谐团队——谈园长课程领导力之教师团队构建．http://www.cnsece.com/KindTemplate/MsgDetail/31701，2013-05-29）

（三）在实践中推进园本教研制度的建设

对于园本教研文化而言，另外一项重要的影响因素就是园本教研制度。要想保证顺利地实施教研活动，就必须要依赖健全的制度来规范千头万绪的工作。教研员是教研活动的组织实施和牵头负责人员，因此在活动当中不可避免地会出现很多矛盾和问题。所以，必须要通过制度来规范参与人员的行为，明确各自的权责。

首先，必须要加强研究人员彼此之间的沟通和交流，以增强团队之间的凝聚力。园本研究开展在很大程度上取决于三种因素，一是教师能够卑恭自省，二是教师彼此之间能够相互协作和帮助，三是必须有专业人员的指导。因此，十分有必要基于交流对话制定相应的合作共进研究团队制度。

其次，要加强对关怀文化的培育，从内在需求层面激发教师更好地参与研究。在园本教研当中，发挥着主力作用的就是教师，可以说研究的成效在很大程度上就取决于教师的研究态度和方法，如果是被迫参与教研，而并非主动的参与，那么就很难保证教研的效果。所以，关怀文化的构建就显得十分必要，使教师能够自发地参与到研究当中，只有这样才能够更好地构建幼儿园文化，制定与之相匹配的园本教研制度。

最后，在坚持以人为本理念的基础之上对园所的制度文化进行不断地创新。要结合当前的园本教研实践活动，对其中和旧制度存在相背离的地方进行相应的调整，对园所制度文化进行有效的创新，以使其能够变得更加的民主、科学和符合实际。在此过程中，一是要建立健全相应的学习制度，切实提升教师的业务能力和职业素养，使之具备进行科研的基本条件；二是要对现行的教研活动制度进行改革，要统筹合理地安排课题研究组的活动，活动的样式要力求多样化，并且要充分结合教学实际中所出现的问题，以保证教研活动的目标能够顺利实现；三是要详细地记录每个教师的个性特征和需求，然后有针对性地选择与之相匹配的园本教研方式，使所有教师的特长都能够得到最大限度的发挥；四是要对现行的检查评价制度进行调整和改革，发挥正向激励在促进教师自身能力提升中的作用；五是要注意搜集和整理各种园本教研档案，并且在每个阶段都要做好工作的梳理；六是要通过激励的方式激发教师参与园本教研活动的积极性。

🔗 资料链接

润品质于教研

园本教研是课程开发和建设的实施"阵地"，教师课程执行力的提高，在很大程度上取决于园本教研的水平和质量。真正有效的园本教研应当洋溢着自由的快乐和创造的幸福。因此，缔造高品质的园本教研，加快教师团队的专业成长，促进课程理念的执行，是一个睿智园长必须注重研究的课题。

1. 让教研温暖

人们对温暖、快乐的需求是没有年龄之分的，孩子们需要温暖、快乐的有效教学，老师们同样需要温暖、快乐的有效教研。特别是有利于提升教师素质的园本教研的过程一定要温暖、快乐。苏霍姆林斯基曾经说过："如果你想让教师的劳动给教师带来乐趣，使天天上课不至于变成一种单调乏味的义务，那么你就应当引导每一位教师走上从事研究这条幸福的道路上来。"带领教师致力于温暖、快乐的园本教研，是园长义不容辞的责任。

第一，"温暖教研"应体现在园长对园本教研的重视程度、参与程度，包括群体协作的团队教研氛围的塑造，教研内容、教研方式选择上的用心策划等。

以某幼儿园为例，走进幼儿园，常常会看到园长们频繁地出现在教研现场，或上课，或听课，或评课，为老师们献计献策、指点迷津，甚至亲自上阵，不厌其烦。此外，园长还经常参加集体备课活动、精品研磨课活动、家长开放日活动、快乐学习小组等活动。同时，倡导用各种形式开展寓研于乐的教研活动，比如：用温馨沙龙的形式让教师们在美妙音乐、香浓咖啡的相伴中畅所欲言；用击鼓传花的游戏让教师回归童年，在游戏的兴奋中分享金玉良言；用分组集体知识竞赛的形式学习理论知识，减轻个人压力，教师们争先恐后，跃跃欲试；用木偶剧、童话剧展示活动代替紧张枯燥的普通话竞赛，等等。此外，园长还常用别出心裁的小创意给老师们带来惊喜和感动。比如：在桌子的摆放上下功夫，以打破一成不变的格局，或围成圆桌，或分组摆放，或搭成擂台，让教师们耳目一新；备上一些小点心、小奖品、小礼物，让童心未泯的教师们笑逐颜开；在会前的几分钟进行热舞、猜谜、魔术、打击乐、思维训练、脑筋急转弯等热身游戏，立马消除倦意，使教师进入兴奋的研讨状态；每次在确定教研主题、策划研究过程时，都用心为每个环节设计最佳的教研方法，并取出好听的名字，如七彩建议、回归童年、精彩一刻、名言采集、PK名师、经典课堂、观点对对碰、口才训练营等，精彩的栏目加上扎实的过程，常会给老师们带来一次又一次新鲜的刺激和意外的收获。这其中触动教师的不仅仅是活动本身，更是组织者为克服教师的倦怠心理在筹划和精选教研方式时的良苦用心。

第二，"温暖教研"应来自于对教师的真情"解放"，包括在教研时间、经费、机制、服务等方面的保障，等等。

陶行知的六大解放理念不仅能解放儿童，也能解放教师。解放教师的时间，定期将教师从繁杂的班级事务中解脱出来，专心教研；解放教师的空间，让教师拥有更多自主安排活动、自主生成课程、自我评价、反思、调整的权力；解放教师的视野，通过走出去、请进来，与专家零距离接触，与姐妹园倾情互动，触摸前沿，增长见识；解放教师的发言权，创造平台给教师各抒己见、"百家争鸣"的机会；解放教师的身心，让教师甩开膀子大刀阔斧做自己想做的事……

当园长和教师肩并肩行走在专业成长的路途中时，教研是温暖的，教研是属于大家的、欢迎大家的，教研的成绩也是大家的。每个人都能非常自信而有尊严地找到属于自己的那片独特的领域，充分体验共同成长的欢欣。而园长为此竭尽全力、乐此不疲的同时，也收获着一线教师的全力以赴的支持、脚踏实地的行动、精益求精的品质和执着不懈的追求，收获着最需要的温暖和力量。

2. "磨"出精彩

"研磨课"作为一项特色园本教研模式，已经成为该园助推教师专业成长的温暖教研途径之一。每次磨课园长们必定到场，带领教师们一起经历"痛并快乐"的成长历程，大家为了一个共同的目标，集群体之智慧，磨教学目标、磨教学过程、磨教学细节、磨教学效果，反复地试教、评议、再试教、再评议。有时一节课要磨五六次，每磨一次，都会留下新的期盼、渴望新的成功、接受新的挑战。有时候真有"众里寻她千百度，蓦然回首，那人却在灯火阑珊处"的感觉。这种感觉确实是痛快的。大家忽然明白，为什么人们会把"痛"和"快"放在一起表示"痛快"，可能因为只有痛过才知道什么是真正的快乐吧！其间上课老师虚心主动地求教和听课老师"不留情面"地评议，更体现了老师们严谨的治学态度、融洽的学术氛围和精益求精的专业品质。在痛苦的精研细磨过程中，最后会如"破茧化蝶"般成就一堂好课，也会如"破茧化蝶"般推动教师们脱胎换骨、飞跃成长。

（资料来源：王朝红. 魅力园长，和谐团队——谈园长课程领导力之教师团队构建. http://www.cnsece.com/KindTemplate/MsgDetail/31701，2013-05-29）

（四）在园本教研中加强园所课程文化建设

文化是产生园本课程的基础，因此其建设不仅要和社会发展相适应，同时还要充分考虑到其所处的时代背景。在设计园本课程的时候，要充分考虑各相关人员，比如家长以及教师在其中所扮演的重要角色，所设置的课程必须要和幼儿教育的需求相适应，和幼儿的心理特征相匹配，并且要能够很好地传承文化。文化孕育了园本课程，同时也影响到了园本课程的设置。对于幼儿教育而言，最主要的内容就是和文化存在着密切联系的课程学习。在建设幼儿园园本课程的时候，其母体就是文化，如果脱离了文化，那么园本课程就很难获得源源发展的动力。尽管社会文化在各个时期存在很大的差别，园本课程也不尽相同，然而它们却有着相同的使命，即使幼儿能够更好地对文化进行传承，确保自我认同的实现等。

同样，园本课程的作用还在于对文化进行提炼、汇总和创新。除此之外，在幼儿教育实施的过程当中，园本课程是为其保驾护航的物质和精神载体。所以，园本课程文化对于园本教研活动非常重要。

首先，要挣脱思想的禁锢，在课程开发中充分发挥教师的主体作用。当前，幼儿园课程已经开始从"目标模式"逐步转变为"过程模式"，教师的角色也发生了重大的转变，除了使用课程，他们还需要创造课程。所以，在课程开发的过程当中要充分发挥作为实践者、亲历者的教师的重要作用，由其来决定课程的设计，从而使其更加积极主动地参与到实践活动当中。

其次，要充分发挥协作的力量，开展专题研究，确保设置更加符合需求的园本课程。所以，研究之前必须要进行专题的设置，然后经过集体讨论和决策，破解其中存在的困惑和难题，以更好地建设园本课程，使其更加适合教学的实际需求。

最后，园本课程的设置要力求多元化，使大家能够在此过程当中都获得进步。也就是说，要使有限的资源得到充分的利用，特别是要尽可能地让幼儿融入其中，使他们的创造力和动手能力得到充分的发展。除此之外，还要将家长也引入到园本教研中，对高校资源进行全方位的开发，促进园本课程多元化的发展，从而使幼教课程能够符合本园的需求。

二、幼儿园课题研究文化建设

一个民族的发展需要一种民族精神作为支撑，一所幼儿园同样需要一种精神和文化理念来指导自己的运营和发展。园所文化是幼儿园立园之本，同时，课题研究能将园所文化的理念渗透到幼儿园的物质、精神、制度等层面。[①] 通过课题研究，可以不断加强幼儿园的文化建设，同时，在园所文化构建中，也能不断完善课题研究。

（一）课题研究促进园所文化的发展

首先，课题研究必须有规范的研究过程，研究过程的规范是搞好课题研究的保障，通过规范研究过程，还可以夯实文化内涵。课题研究的开展需构建研究网络系统，即园长亲自领题，幼儿园中层组成课题研究领导小组，由课题组长负责具体操作与实施，全园教职工全部参与，形成全园教师人人参与课题研究的网络

---

① 叶谦，靳玉乐．对优质幼儿园课程文化建设的思考．幼儿教育（教育科学），2007（Z7）：15～17，31．

体系。通过课题研究，园长、中层领导及全园教职工互相合作、共同发展，有利于加强教师对园所文化的认同与认知，产生强烈的归属感。

其次，课题研究需要对研究的思路、任务进行梳理。课题研究一般是对教学实践中真实问题的研究，在研究过程中，必然会了解教学问题存在的历史原因，还会了解幼儿的发展状态以及园所文化的发展变化。通过发现问题，解决问题，梳理清问题产生的文化背景，厘清文化与教学问题、园所文化与幼儿教育，以及幼儿教育中幼儿与自然、社会和自身之间的相互关系，更好地解决问题和完善园所文化。

最后，规范的课题研究制度，对完善制度文化具有重要的作用。课题研究制度对课题方案、研究计划、学期计划、总结等都有相关规定，这样就确保了研究的顺利进行，可以使每周课题学习得到保证，并通过理论与实践相结合的方式，记录好每次学习的内容。并且也可以建立起科学的课题研究学期评价机制，从"团队精神、常规要求、重点工作"等方面进行评价，并对成员的绩效进行考核，这样不仅对成员有约束，也能明确各成员的职责，使教师在园所建设中也能明确自己所应承担的责任。

(二)课题组成员思想的转变

聚焦幼儿园园本教研文化的建设，培育课题组成员的实践精神也是最核心与最关键的。课题组成员一直充当着幼儿园园本教研的主力军，可以说他们在园所教科研建设中直接影响着内容的制定，影响着园所的发展。因此，在开展园本教研时，成员们要在自身文化观念上做转变，要有"学习者、研究者、实践者、引领者、服务者、思考者"的身份意识。应该成为幼儿园教育教学共同的研究者，教师专业发展的支持者、合作者、引领者。课题组成员要做到尊重教师，倾听教师，鼓励教师，适时帮助教师，他们是和教师共同学习的伙伴，同时又必须学习在先，思考在前，做教师专业化发展的促进者。要打破传统的单一知识传播和应试教育观念的限制，让教师在教研学习过程中明白学习就是知识文化的学习，是对文化的了解与传承。引领、促进成员树立先进的价值观念并使之发自内心地认同这些价值观念，同时将这些共同认定的价值观落实到教学科研中，贯穿在幼儿园园本教科研的整个过程中，通过学习渗透文化的内涵。这个过程不仅是全面实现幼儿园育人功能、促进课题组成员及教师专业成长的过程，也是培育园本教研精神文化的过程，这样才能满足园本教研内涵的发展需要。

(三)构建"伙伴共生"的群体

俗话说,环境造人,如果我们能够积极地构建较为开放、民主以及平等的幼儿园教学环境,积极主动地进行能够实现自我更新的专业社群的构建,实现群体的"伙伴共生",就可以将更多的资源提供给教师,促使教师通过彼此的积极沟通和协作,提高自身的专业水平。

就现阶段,幼儿园已经成立了很多不同形式的组织,然而这些组织并非都是有效的专业社群。有学者认为,较之于传统的教师群体而言,专业社群与其最大的不同之处就在于其所设置的愿景必须要高于现状,同时关注的焦点都聚集在"专业"上,并且要进行相应交流机制的创建。除此之外,其意愿是能够实现自我更新,可以积极主动地调整自己的行为和思想观念,以促进共同愿景的顺利实现。我们提倡和规定将合作的教师文化引入到课题研究中,实现群体的"伙伴共生",就是由于不管从哪个层面来看,幼儿园和教师的终极目标并非在于促进教师个体的专业发展。对于比较优秀的教师,我们希望他们在其他教师中发挥模范和标杆作用,增强整体的专业力量。因为教师个体的发展并非是"一直升高",如果在发展中产生了"高原"反应,则就无法再继续向前行进,但是如果能够在"合作""平等"的基础之上与其他教师经常进行协作,然后借助集体专业力量就可能会乘势而起,达到一个新的高度。那么,这些教师不仅能够将自己的个人价值充分地体现出来,同时还能够对群体的发展起到积极的推动作用。

创建"伙伴共生"群体并非一朝一夕的事情,必须要从长计议。因为只有教师能够经常性地与社会进行积极良好的互动,才能够更好地构建专业群体。仅凭制定相关的制度是远远不够的,在幼儿园专业群体的构建过程中,首先必须要建立健全群体共同发展的机制,对现有平台不断创新和改进,使平台更加符合合作发展的新要求,借助于行之有效的方法使教师自身的专业发展动机得到有效激发,从而积极地提高教师自身的专业水平。除此之外,还要制定有助于教师发展的专业研究制度,借助彼此之间共同协作的方式使教师能够更好地进行自我反思,主动地改进,在群体的发展过程中充分发挥自身的带动作用,通过积极的互动和相互的帮扶,在使个体得到充分发展的同时实现合作共赢。

> **案例** 特色教研组在行动

某园秉承"解放教师"的先进理念，借助"领导带头、热衷教研、齐心协力、创新教研"的良好氛围，根据教师自愿报名、人人参与、幼儿园统筹安排的原则，成立了阅读、社会、健康、音乐、区角、科学、数学、专用活动室8个领域的特色教研组，组长分别由园长、副园长和6个正副年级组长担任。为让特色教研组充分发挥教研活力，幼儿园首先特别重视组长能力的培训和提升，将组长们组合成中坚骨干组由园长任领队亲自培养，将外出学习机会向她们倾斜，同时赋予各位组长最大限度的、灵活自主的领导权力，并专门制定了有关特色教研组时间、经费、机制、服务等方面的保障制度。各特色组在组长的带领下，自主寻找最想解决的疑难问题，讨论确定教研方案，尝试探索适合自己的研究方法，自主支配活动经费，自主选择活动时间和地点，自主策划活动形式。定期开展的多次教研活动和成果展示，形式多样、内容丰富、方法有趣、成效明显，再一次掀起了教师们互帮互学，乐于钻研的教研热情。

（案例来源：王朝红. 魅力园长，和谐团队——谈园长课程领导力之教师团队构建. http://www.cnsece.com/KindTemplate/MsgDetail/31701，2013-05-29）

所以，幼儿园必须要充分结合自身的实际，尽可能地使自己的优势资源得到最大限度的利用，从物质和智力两个层面促进课题研究顺利进行。各个教师在课题研究当中要加强彼此之间的沟通与合作，构建彼此通力协作的研究小组，通过群策群力和积极的建言献策，发挥集体的智慧来解决教学过程当中出现的各种问题，通过研究促进自我水平的提升。

第五章　幼儿园园长的教科研管理
——方向把控

一、幼儿园园本教研专题的确定

对于幼儿园园本教研活动而言，必须要充分考虑幼儿园的现实需求，其中主要的研究人员为幼儿教师，借助于较为科学与合理的方法对教学过程中所出现的问题进行研究，为幼儿的发展营造积极良好的环境，实现教师技能水平的不断提升，进而促进整个幼儿园办园质量进一步提高。而以园为本的教研制度的建设正式开始于2006年7月。就现阶段而言，园本教研已经成为幼儿园开展教研活动所使用的主要形式，并且已经引起了相关方的密切关注。而对于教师而言，之所以要参加教研活动，最终是希望通过这种途径使自己在教学中所面临的难题得到积极妥善的解决。如果不是出于此种目的而进行教研活动，那么就无法保证活动能够取得实效。所以，必须要有针对性地开展园本专题教研活动。

园本教研作为一种以幼儿园为研究基地，以一线教师为研究主体，以教师在教育教学实践中遇到的真实问题为研究对象的教研活动，是促进幼儿教师专业成长的最有效与最可行的方式。[1] 园长们要充分发挥自身在园本教研中的作用，从幼儿发展、教师发展和园所发展的角度做好设计与策划，并在开展过程中熟练运用一定的组织和管理策略，通过自身的专业引领，促进教师的专业成长。

抓住关键问题，是开展园本教研的关键，也是开展园本教研的难点，园长们需要明白什么是关键问题，怎么样去发现关键问题，怎样的问题才能激发教师研究的兴趣。为此，园长们需要在日常查班工作和评价工作的基础上，了解教师在教育实践中遇到的困难，分析教师们的共性问题，结合本园保教工作的目标来确定教研的关键问题，制订切实可行的教研计划，以促进教师的专业化发展。

(一) 找准问题，满足教师发展需求

对于园本教研而言，其主要的目的就在于解决问题，要想让教师积极主动的

---

[1] 于群. 幼儿园开展有效教研的策略. 读写算(教研版)，2014(24)：141.

参与其中,就必须要使他们的专业成长需求能够在此过程当中得到较好的满足,并且能够使他们在工作中所遇到的各种教学问题能够得到有效的解决,否则很难引起他们的兴趣。所以,必须要立足于教师实践来设置教研问题,并且要对这些问题进行筛选和归纳整理。然而,大部分园长自身并不具备发现问题的能力,而要想保证教研活动的有效性,首要的工作就是要找准问题。

1. 提前预设问题

园长们要观察和分析幼儿园某一领域教学中教师存在的认识模糊的问题,预设问题,并组织与此问题相关的教育活动,组织教师现场观摩研讨。例如,针对大部分幼儿园在科学活动中忽视幼儿的记录这一现象,可以预设一个"记录手段在幼儿科学教育活动中的有效运用"的教研问题,并在区域内开放科学活动现场,使在场的观摩教师观看幼儿记录自己科学探究的方法和过程,围绕"科学活动过程中,幼儿需要记录吗—记录什么(记录的内容)—如何记录(记录的方法)—记录方法与内容的关系—记录的环节如何设计与安排(如何激发幼儿主动记录)—哪些科学活动中记录是必不可少的环节",教师们可以开展积极、深入的思考和研讨。[①] 长期的教研实践证实,只有预设能够引起教师新旧经验冲突的问题、教师认识模糊和不明确的问题、对教师有挑战性的问题,才能激发教师积极参与、反思的热情,否则的话只能事倍功半。

2. 整合教师生成的问题

教师观摩之后要认真地进行自我反省和总结,对不理解的问题进行提问。因为这些都是十分分散的问题,因此园长要能够对问题进行很好的整理、归纳和提炼。教研组长负责组织相关人员来梳理这些问题,并按照不同的类别进行划分,针对问题构建相应的研究网络,同时透过问题现象来追踪本质,深入的研究某类存在的问题。

案例 解读困惑,找准问题

为了解一线教师对《3—6岁儿童学习与发展指南》的理解,我们首先看了三节年轻骨干教师组织的音乐活动,分别是"说唱脸谱""颠倒歌"和"开汽车"。三位执教老师的教学设计能力都很强,环节很流畅,孩子们也很配合老师。我们

[①] 彭兵,谢苗苗. 幼儿园园本教研活动实施的策略. 学前教育研究,2010(3):60.

一方面被老师的工作热情深深打动，对师幼默契互动倍感欣慰，但另一方面也隐约感觉到老师的积极努力仍放在"教"上，没把关注重点放在幼儿的"学"上。教师虽然设计了创编等环节，但依然都在想方设法、千方百计地领着幼儿按照既定的教学环节进行教学，幼儿虽然能配合教师做事，但依然没能成为学习的主体。

在课后讨论环节，我们先倾听了不同教师对于三节音乐活动的困惑，了解了各类教师的发展需求。

困惑1：在"说唱脸谱"活动中，老师想让孩子进行分组创编表演，却发现孩子们编一会儿就游离了，怎么能让孩子都集中精力地完成创编呢？

困惑2：幼儿在"说唱脸谱"活动中，创编的动作还可以，但扮演花旦的幼儿没有表现出娇羞的味道，教师该怎么引导呢？

第一位教师的思考重心依然是"怎么让孩子听我的""吩咐孩子做，孩子就得做"。当活动出现问题，首先想的是孩子怎么了，怎么调整孩子，而不是教师自己有没有问题。

第二位教师已经看出幼儿对京剧角色的把握还无法到位。但没有考虑花旦等京剧角色本来离幼儿的生活就很远，京剧是高度程式化的艺术，与幼儿表达内心情感的方式截然不同，幼儿还没有基本感受就要进行创造，肯定行不通。

这些困惑都说明教师对幼儿的主体地位还没有真正地认识到，她们的需求表面上是如何更好地引导孩子表现和创编，实则是如何做到以学为中心。真正要教师摆脱高控的艺术活动状态，需要放手让孩子感知、体验与欣赏，而不是一味地期待孩子的表现和表达。

困惑3：一位教师组织的"说唱脸谱"活动内容设计和活动目标不符合，活动目标是"想让孩子用自己的方式大胆表现"，但实际上在具体组织时，却是让孩子分组合作进行表现和创编，可这位教师也不知道怎么会这样？

困惑4：音乐游戏"开汽车"活动中，教师设置的游戏规则是：车开不好的孩子要回到椅子上"学习驾驶"，等待一段时间后，"考到驾照"才能继续游戏。小班游戏这样设计合适吗，惩罚环节的出现对小班幼儿是不是太难？

困惑5：像"说唱脸谱"活动中的脸谱以及彝族火把节等，看似离幼儿生活很远，但教师觉得应该丰富艺术作品的形式。《3—6岁儿童学习与发展指南》中也主张要丰富幼儿的艺术作品，离生活较远的作品如何让孩子接触，如何让幼儿创新？

> 提出第三个困惑的教师就是组织者，因为对幼儿的表现水平不了解，担心个别幼儿创编不出来，不相信幼儿能够完成，但学习了《3—6岁儿童学习与发展指南》后又不敢像以前那样直接去教，所以想到了折中的办法——让幼儿合作表现，以为可降低难度，殊不知，合作表现的难度远大于个别表现。
>
> 而提出第四个困惑的教师开始意识到，游戏规则过于复杂不利于幼儿理解游戏，音乐游戏是在成人的思维状态下进行的，过多地"惩罚"孩子，孩子肯定就失去开车的兴趣了。表面的问题是游戏规则的设计不符合幼儿的年龄水平，实际上是教师把音乐游戏中游戏的成分弱化了，将游戏等同于游戏化教学。
>
> 提出第五个困惑的教师的逻辑是，既然要丰富艺术形式，就一定拿来进行创造表演，离生活很远的艺术形式可以欣赏、感受，但在孩子没有切实的亲身体验和感知基础上就进行创作，显然是不够恰当的。
>
> 尽管如此，这些教师已经开始反思自己的教学是否适宜，只是还不肯定，思考时还犹豫不决。这就需要教研员进一步帮助教师们明确，成人思维主导的游戏或活动并不适合幼儿。不管怎样，教师能够反思自身，就有可能改变"以教为中心"的思维和实践模式。
>
> 三节音乐活动的现场观摩和讨论让我们意识到：幼儿园之前在组织教师学习《3—6岁儿童学习与发展指南》时，缺少引导教师结合自己的实践去深入阅读、边读边反思。教师对《3—6岁儿童学习与发展指南》的学习还停留在对文字的表面了解和熟记上，对于艺术领域的核心理念还没有理解到位。学的和做的没有建立联系，便是当时学习的最大问题。
>
> （案例来源：赵兰香. 尊重幼儿 尊重教师——践行《指南》精神的幼儿园跟进式教研. 学前教育，2014(7-8)：23~24）

3. "直击"关键问题

综合评价幼儿园教育教学质量后不难得知，部分问题对于教育质量能够产生决定性的影响。所以，我们要将这些具有决定性影响的要素作为教研的重点。比如，属于决定性要素的问题有"怎样使幼儿在活动中语言表达能力得到有效提升"，通过分析不难发现，教师是否能够积极地进行引导以及在活动中幼儿的参与程度都会影响到幼儿的语言能力。此外，怎么样进行开放式问题的设置等问题都需要我们在教研活动当中认真地加以研究。

(二)明确目标，制订教研工作计划

幼儿园园本教研工作计划如同"施工蓝图"，是顺利开展教研活动、提高研究质量的重要保障。学期教研计划应在抓问题、确定教研方向和教研专题的基础上，围绕教研目标采用多种方法加以制订。园本教研计划可以包含：背景分析、研究目的、研究内容、研究方式、人员安排、预期成效、保障措施等。背景分析应该重点阐明为什么确定该主题，主要解决什么问题，有什么意义等。在确定研究目的时，可以将对预期效果的描述作为衡量研究目的是否达成的指标。在介绍研究内容时，要对所选定主题的内涵进行要素分析，明确每次活动的中心议题，保证同一主题下一系列研究活动有内在联系。选择研究方式时，应综合考虑研究问题的类型、研究的不同阶段、参与教师的专业水平等，然后再确定最适合的研究方法。我们强调多种方法的综合应用。在确定人员安排时，需要明确人员分工和阶段性工作目标，使每个参与者提前做好相关准备。在确定预期成效时，应明确体现成效的具体项目、载体与形式，并明确评价研究成效的指标。在确定保障措施时，要重点列举需要的研究、学习资源，并制定有效使用这些资源的措施。[①]

二、幼儿园研究课题的确定

我们在确定课题之前，首先要对发现的问题进行总结，然后再对其进行提炼，最后才能成为研究的对象。站在教师的层面来看，要基于以下原则来确定研究的课题：一是要寄托于学科。必须要以自己所教学科为基础进行课题的设置，这样才能够使研究的成果更好地应用到实践当中。二是要依托于经验。不管是什么研究，都要依托于在实践当中所积累起来的经验。三是要产生相应的兴趣爱好。对于每个教师而言，他们的专业兴趣点存在很大的差别，有的比较倾向于对学科本身问题进行研究，有的则喜欢对教学期间所产生的问题进行思考，有的则比较关注学生的成长，如果能够根据教师的兴趣爱好来进行课题设置和研究，会更容易实现目标。四是要具有教学意义。对于研究课题而言，其自身的价值定位就在于其所具有的教学意义。要充分结合教学中所出现的疑难杂症来进行研究课题的设定，只有这样才能够更好地对现有的教学模式进行有效的指导。五是要具有可操作性。时间、人力和物力是进行课题研究的物质因素，幼儿园在此过程中要为研究提供必要的条件，另外要充分的结合幼儿园的实际来确定研究课题，并

---

① 彭兵，谢苗苗. 幼儿园园本教研活动实施的策略. 学前教育研究，2010(3)：58～63.

且要将那些当前亟待解决的问题作为首要考虑目标。所谓的幼儿园课题管理就是课题管理者在此过程当中要紧紧围绕课题，通过相应的理论来对研究的过程进行有效的协调和管控，充分调动一些可以利用的要素，确保目标能够顺利地实现。最近几年，越来越多的课题被引入到幼儿园当中。那么，对于园长而言，要能够对所需资源进行优化配置，进而促进课题研究顺利进行。具体而言，园长首先要对课题概念有个清楚的认识。

（一）规划课题与个人课题[①]

规划课题一般是指由教育行政部门批准立项的课题，分为国家、省、市、区（县）级课题等，由教育行政部门委托各级教育科研部门进行规划、申报、评审和管理。规划课题具有较高的组织程度，并具有较强的宏观性、前瞻性和理论性，其研究偏重学术性、政策性和普遍性，与基层教师的教育教学有一定距离，与他们的实际需要往往也不相吻合，因而缺乏针对性和指导意义。

个人课题一般是指由教师个人独立或教师小组合作承担的课题。它是一种切合教师自己教育教学实际的，对改进教师自己教育教学有用的，能够促进教师自己专业发展的课题。个人课题具有以下特征：①从研究目的看，"个人课题"主要解决教师个人教育教学中出现的问题，"我们在研究如何让不交作业的学生交作业，我们在研究如何让学生喜欢自己的课，我们研究的都是真实的课题和有生命力的课题，都是发生在学生和前线的课题"。②从承担者的角度看，"个人课题"由教师个人自己确立并独立承担，教师即研究者，是研究的主角，而不是配合专家进行研究。当然，教师在研究过程中需要专家的引领、帮助和指导。③从研究内容看，个人课题一般是小课题，小指的是研究内容和范围，而不是指研究价值和意义。④从研究方法看，个人课题主要采用适合教师个人的叙事研究、个案研究和行动研究等方法。⑤从研究成果看，个人课题的研究成果强调在"做得好"的基础上"写得好"，"做得好"表现为实践上的创新和经验的先进性，"写得好"体现为研究报告既具有个性意义的扎根理论，又具有教师自己的"话语系统"，它是在对质的研究中形成的，富有教师内心体验的，情境性、过程性的描述。规划课题自上而下，个人课题自下而上。当然，规划课题和个人课题的划分绝不是截然的，规划课题进入幼儿园层面，就会转变或分解为许多教师的个人课题；而个人课题经过发展、提炼、总结也可以升华为规划课题。对幼儿园教师而言，重要的

[①] 林微华. 课题研究规范化操作过程. 教育科研论坛，2007(8)：14～15.

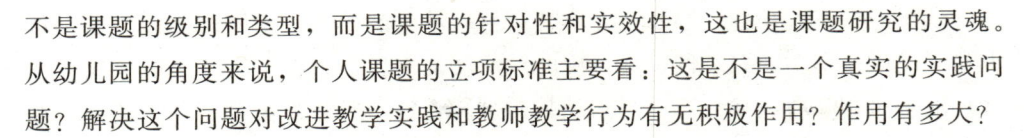

不是课题的级别和类型，而是课题的针对性和实效性，这也是课题研究的灵魂。从幼儿园的角度来说，个人课题的立项标准主要看：这是不是一个真实的实践问题？解决这个问题对改进教学实践和教师教学行为有无积极作用？作用有多大？

(二)课题研究的主要步骤

1. 界定研究内容

对于课题研究而言，首要问题也是最为关键的问题就是要对研究内容进行界定，就算是再小的研究问题也能够进行细分。界定研究内容既能够将课题分解成能够落地执行的问题，同时也能够对范围做出相应的规定，因为任何一项研究都不可能做到面面俱到。因此确定研究内容是课题研究的前提，否则我们就无法顺利的开启研究工作。课题通过内容界定能够变得更加清晰和具体，并形成层次分明的问题结构。教师研究的内容可以是其中的任何问题，而在处理问题的时候又会衍生出新问题，然后研究课题就形成了相应的派生问题。

2. 设计研究方案

当确定了需要研究的问题后，要对问题的诱发因素进行研究分析，进而制订问题解决的方案。值得注意的是，首先，要对已有成果和理论进行梳理和总结。不管是什么课题研究，其顺利地进行都有赖于成熟的研究成果。教师要积极地进行相关文献资料的搜集和整理，然后从中汲取经验教训，用以指导自己的研究，确保研究工作有理论可依。其次，是研究假设的提出。假定性、科学性以及预见性是所有假设都具有的特点。假设对研究的探索性具有决定性的作用，然而假设并不是毫无根据的胡乱猜测，它是建立在一定的经验事实基础之上的，并且有相关的理论作支撑，所以从这个角度来看，其存在一定的科学性，因此能够防止盲目胡乱的进行研究。假设往往先于行动和事实，是基于思想观念来更好地把握今后的发展，因此研究活动会因为它的存在而变得预见性更强。通过实践不难得知，在课题研究当中，最为关键的因素之一就是好的假设。但是该假设的形成也并非是一蹴而就的，而是要经过反复的修订和调整才能最终形成。

3. 开展行动研究

研究方案仅仅是从思路上指导人们如何来解决问题，行动才是课题研究的关键，而行动就是落实和执行研究方案的过程，然而这和通常所说的行为和动作又有很大的差别，它是通过不断地创新发展处理问题的过程，其主要特征体现在以下几方面：第一，验证性，对研究方案进行检验，是否易于执行和操作，对研究假设进行证实或者证伪。第二，探索性，对新的可能性进行不断的探究。按部就班并不能保证行动的有效性，最正确的做法就是以目标为指引，对问题解决方案进行不断的完善和调整。因此对于教师而言，在行动时要避免受到死板教条主义的束缚，要按照发展变化来实时地调整相应的方案。课题研究的本质特征就是探索性。以人为本是所有行动都必须要遵守的基本原则，因为这是一项具有价值导向和人文关怀的教育活动。只有对幼儿的全面发展给予充分的关注，这样的验证和探索才有存在的必要。在课题研究当中，教育性是其灵魂。除了行动，"写作"也属于行动研究的规定任务，教师要翔实的记录在行动中所出现的问题以及自己的见解，然后在此基础上对教学行为进行不断的改进，并且在具体的实践当中还要不断地验证、记录，周而复始的进行循环，从而不断的重构自己的教学行为。

4. 总结研究成果

总结在课题研究中既是一个研究的终结，又是过渡到另一个研究的中介。在总结这个环节中教师作为研究者要做好整理和描述，即对已经观察和感受到的，与研究问题有关的各种现象进行回顾、归纳和整理，其中要特别注重对有意义的"细节"及其"情节"的描述和勾画，使其成为教师自己的教育故事或教学案例。这是叙事研究在课题研究中的体现，它会给教师的研究带来新的变化，教师作为研究者不再依赖于他人的话语而转为直接讲述自己的教育生活经历和教育生活体验，"做自己的事，说自己的话"。这是课题研究改变教师职业生活方式的关键。

第六章　幼儿园园长的教科研管理
——过程管理

幼儿园的教科研工作不是一个具体的结果，而是以过程的形式呈现的。因此，对于园长来说，要使幼儿园教科研工作的效果和最终结果达到理想状态，就需要具备一定的过程管理能力，对幼儿园教科研工作的各个环节和各个方面进行统筹管理，确保教科研工作稳步推进，实现阶段性目标。

在组织管理学中，过程管理是指：使用一组实践方法、技术和工具来策划、控制和改进过程的效果、效率和适应性，包括过程策划、过程实施、过程监测（检查）和过程改进（处置）四个部分，即 PDCA 循环四阶段。PDCA（plan-do-check-act）循环又称为戴明循环，是质量管理大师戴明在休哈特统计过程控制思想基础上提出的。组织管理学中的过程管理也是可以运用到幼儿园的教科研管理中的，关键就是园长要能够在领会过程管理要求的基础上，遵循一定的原则，结合幼儿园的教科研工作进行全面系统的设计，建立相应的管理机制。

一、教科研过程管理的基本原则

（一）集体管理原则

幼儿园的教科研工作并不是某一个部门或某一个人的事情，教科研工作的系统性和深入性需要园长对全园的力量合理进行统筹，引领团队进行集体研究，并在研究过程中，发挥各个部门和人员的作用，实现教科研工作在责任人负责制基础上的集体管理。

（二）内外结合原则

对于园长来说，限于自身经验和精力，不可能拥有足够多的教科研专题资源，思考也不可能面面俱到，特别是对于教科研过程的管理，很难照顾到每个环节的每个工作。因此，为了避免因个人经验而影响幼儿园教科研工作的提升，园长要善于利用幼儿园内部人员的专业资源和经验资源，同时，也要借助外力，发挥外部专业资源的作用，深入、系统、客观地对教科研工作进行分析和诊断，从而对幼儿园教科研过程中存在的问题或潜在的不足提出专业性的指导和意见，保证幼儿园教科研工作顺利进行。

(三)连续性与阶段性相结合的原则

幼儿园的教科研工作既是连续性的，又是阶段性的。对于园长来说，要将教科研工作作为幼儿园的常规性工作看待，保证其连续性，不能因为个别突发事件或其他因素影响原教科研方案的执行和实施。同时，也要定期对教科研工作进行阶段性的总结，一方面检验前期工作开展的效果，另一方面也能通过阶段性的总结发现存在的问题，及时进行调整，避免出现重大的失误而影响最终的成果。

二、教科研过程管理的实施途径

(一)亲自参与研究，把握教科研过程

对于园长来说，要实现对教科研工作的过程管理，就一定要亲自参与到研究过程中去。如果园长置身事外，不但不能全面系统地了解教科研开展情况，而且也无法对幼儿园的教科研工作提出引领性的指导意见，无法发挥教科研工作引领幼儿园全面工作的价值。

案例 做有思想的教师从学会反思开始

曙光幼儿园的管理者们在教师的反思笔记中发现教师的反思存在一些问题，通过访谈他们又了解到教师在反思过程中遇到了不少困惑。经分析，教师的问题和困惑是一致的，大致可以归为以下几类。

(1)缺乏反思的意识和习惯。例如，太忙了，有时顾不上。

(2)多角度思考和分析的能力弱，即反思的广度问题。例如，不知道反思些什么，怎样全面、透彻地反思，怎样多角度反思。

(3)缺少理论支持，理论联系实际的能力弱，即反思的深度问题。例如，有的教师谈到反思是否需要高深的理论，怎样将反思上升到一定的理论高度等问题。

(4)缺少梳理和提炼的能力，即反思的思维条理性问题。例如，不知道怎样将反思内容表达清楚，怎样进行系统的反思。

(5)价值判断能力弱。例如，不会抓"点"，反思不到"点"上。

基于教师们对反思的态度及对教研的渴望和需求，管理者们决定开展以"学会反思"为主题的园本教研。他们认为针对教师在反思中的不同问题，应该采用不同的支持方式。例如，对于缺乏反思意识的教师，可先让他们了解反思的意义，提出反思的任务和要求，让他们尝试反思，并及时给予鼓励；对于觉得反思高不可攀、一提反思就犯怵和不知道从哪儿入手进行反思的教师，可引导他们从不同角度看问题、想问题；对于理论基础薄弱、缺乏主动学习习惯、不会用理论分析实践的教师，可向他们推荐相关理论书籍、文章，并结合他们的实践以问题形式引导他们阅读，也可让他们针对重点词句举例说明自己对这些理论的认识；对于缺乏梳理和提炼能力、会说不会写、不能清晰地表达自己思路的教师，除上述方法外，还可以帮助他们通过教研来厘清思路，也可让他们把说的先写下来，然后再整理，这样可以帮助他们降低写作难度，树立信心。

在前期思考的基础上，管理者们结合教师的困惑及学习特点，预设了三次教研活动。活动一是多角度反思，目的是从分析典型案例入手，使教师了解反思的目的和意义，引导教师尝试从不同角度分析、反思，通过同伴交流和管理者引领的方式初步了解反思的角度，树立自信。活动二是从活动设计开始反思，目的是让教师了解反思不仅在活动后，还应在活动前，教师应该了解自己的原有教学经验和幼儿的原有经验，明确自己依据什么设计活动，从而学会带着反思、研究的意识了解幼儿、准备活动，为有目的地开展日常教育教学研究活动打好基础。活动三是教学实践观摩及反思，针对前两次教研的反思效果、存在的问题及教师的反思水平，带领教师对实践活动进行个人反思和集体反思，适时引进专家资源，从理论角度梳理和提升，提高教师反思的意识和能力。

该园管理者为了使教研计划更好地发挥引领作用，主动跟区教研室的沈心燕老师一起研讨。沈老师根据对该园的了解，结合教师的教育教学实践，针对这一系列教研活动的设计思路提了三个问题：反思应该从哪里开始？研究教师反思的目的只是让教师会写反思笔记吗？教师自我反思的有效性究竟体现在哪里？这些问题引起了该园管理者的深入思考，他们认识到教师的困惑和问题是从实践中来的，教研应该紧密结合教师的实践，从研究实践中的反思开始，通过反思和调整来解决实践中的问题，最后回归到改进教师的教育行为上。于是，管理者由关注教师在反思笔记中的反思转向关注教师在真实教育情境中的反思。可以说，这样的专业引领进一步强化了管理者对教师教育实践的关注，使他们更加明确了引导教师学会反思的根本目的在于改进实践，进而提高日常教育质量。于是，他们将提高反思的有效性作为园本教研的方向。

该园管理者调整了教研计划，使每一次研究都紧密围绕实践中的问题和教师的困惑。在研究过程中，他们一方面关注教研活动的效果，及时了解教师对教研活动的感受；另一方面注重教师日常实践中的反思，采取先倾听教师自我反思，再将自己记录过程中发现的一些实际现象以符号标注（"☆"表示优点，"▲"表示不足）的形式呈现给教师看，请教师自己思考为什么，并挖掘背后的原因及观念。这种方式比以前直接反馈更容易使教师理解和接受有关教育理念，也能更有效地培养教师用理论分析实践的能力。这一系列教研活动还在继续着，该园教师也在自我反思、同伴互助反思的研讨和实践中变得更有想法，他们正向着有思想的专家型教师迈进。

（案例来源：左晓静，陈立，顾春晖，沈心燕．园本教研的实践与思考——浅谈园本教研中的四组关系（下）．学前教育，2007(7)：20～21）

案例分析

不同的教师在反思中存在的困惑和问题是不同的。我们应该思考为什么会出现这些困惑和问题，反思对于教师来说究竟意味着什么，教师是否感受到反思给自己的工作带来了好处。我们认识到让教师感受到反思的意义，形成反思的意识，是我们应该关注的问题。为此，我们引导幼儿园通过体验活动、案例分析等方式，运用挖掘、质疑等策略，帮助教师捕捉幼儿表现出来的关键信息，深入分析幼儿传达的心理感受和需要，并以此来反思自己的教育行为是否适宜及其背后的原因，从而进一步思考如何根据幼儿的心理感受和需要去调整自己的教育行为，使自己的教育适应每个幼儿。我们认为教师的反思是否有效取决于他们能否通过反思不断调整自己的教育实践，改善教育行为，使反思的效果落到实处。

（二）定期检查，阶段总结

在幼儿园的教科研过程管理中，园长要随时了解各项工作的开展情况，组织相关人员或外来专家进行定期检查，建立相关的责任人定期或常态汇报机制，确保能及时地发现存在的问题，并与团队和专家共同分析，找到影响因素，及时解决或调整。

(三)合理配置资源，人尽其才，物尽其用

幼儿园开展教育科研需要一定的人力、物力资源。哪怕园长能力再强，也需要统筹多方资源，结合本园教科研工作的需要，合理的安排人员和资源。特别是对人员的安排，要善于发现并树立科研典型，带动幼儿园全体教师积极参与到教科研活动中。同时，在幼儿园内部资源不足的情况下，应整合园外专家资源为我所用，实现内外结合，共同发展。

三、教科研过程管理的方法与策略

(一)建制度

园长对教科研过程的管理不可能事事亲为，要保证教科研工作的稳步有序开展，要建立科学规划的制度体系，要明确责任部门和人员、具体分工、教科研的工作机制(责任人、时间、形式、监督、考核、成果展示等)、过程性档案管理机制等，在明确部门和人员的工作职能的基础上，形成常态化的教科研过程管理模式。

案例 北京市朝阳区和平街幼儿园教科研管理制度

一、教科研出勤制度

(1)教师要准时参加教研活动。如遇特殊情况教师不能参加，请提前填写请假条，交给教研主任批准。

(2)经批准，不能参加教研活动的教师请提前把填写好的"教研预习表"交给教研组长。

(3)在教研活动后，能主动与同组老师或教研组织者进行沟通，了解教研进展，并按要求跟进教学实践活动。

(4)参加教研活动迟到的教师要真诚地对全体教师表示道歉，以获得大家谅解，并能自觉遵守诺言。

二、教研预习制度

(1)保教主任指导教研组长进行活动目标、活动方式、活动过程的设计。

(2)根据教研活动需要，在教研活动前一个星期(或因情况而定)，由教研组长向老师发放"教研预习表"。

(3)教师根据"教研预习表"对相关内容进行充分的思考。

(4)每次教研活动前不需任何提醒，自觉携带"教研预习表"。

(5)教研活动中，根据"教研预习表"内容积极参与分享、研讨。

（6）学期末将"教研预习表"随教研记录交给教研组长进行归档。

教研预习表

教研组：	教研组长姓名：
教研活动时间：	
教研活动地点：	
教研活动预习内容：	
教研活动所带其他资料：	

三、按需观摩制度

（1）自主确定观摩内容、时间、地点，以满足自己个性化的需求。

（2）到外班要遵守相关班级常规，尊重老师及小朋友，主动与大家问候和再见，不随意触摸活动材料，不大声喧哗影响正常活动等。

（3）认真填写"教师按需观摩记录"，并在活动后主动与进行活动的教师交流，并书写反思日记。

（4）能将学习到的经验主动运用到自己的工作中，不断改进教育教学。

（5）在保证一个学期进行两次"按需观摩"的基础上，教师可因个性要求而主动进行其他观摩活动。

（6）学期末将"教师按需观摩记录"进行装订，交给教研组长进行归档。

四、教研资料归档制度

学期末教师、教研组长进行各种教研材料的收集和整理，按要求进行归档工作。

具体归档内容如下：

（1）教研组工作计划、总结及教师计划、总结。

（2）教研组活动记录及教师活动记录。

（3）教师按需观摩记录。

（4）读书笔记。

（5）其他。

五、班级共研制度

（1）班长、班级成员是"班级共研"的发起者、组织者、参与者，其中班长负有主要的促进作用。

(2)共研内容要来自于日常教育教学实践，在分享交流的基础上，通过对重点问题的研讨，明确解决问题的方法，对保教工作起到促进作用。

(3)班长、班级成员可根据问题研讨进展，主动邀请主任、园长、其他教师或外园人员参加，共同深入研讨，解决问题。

六、专家引领制度

(1)聘请科研专家定期对科研工作进行指导。

(2)依据科研活动中的问题聘请专业人士进行专题指导。

(3)开展理论与实践相结合的专家指导活动，促进教师能力的提升。

七、教研月考核制度

(1)将教科研工作纳入月考核，保证教科研工作质量。

(2)教研月考核内容包括对教师及教研组长的考核。

教师：积极参加，保证出勤，主动发言，积极完成教研任务。

教研组长：认真履行教研组长的职责，客观评价，如实记录；按时完成橱窗、网站宣传的教科研工作。

八、科研过程监控制度

(1)认真研究、实施课题计划，每学期进行课题阶段小结，总结研究成果。

(2)每学期末认真分析课题完成情况，及时查漏补缺。

(3)每学期做好课题研究过程的记录和材料归档工作。

(4)积极参加上级部门组织的课题阶段交流、研讨活动。

九、成果推广制度

(1)每学年末召开教科研大会，分享研究经验，促进相互交流。

(2)根据研究进展情况，及时将取得的阶段成果以培训的方式进行推广。

(3)将科研成果在教学实践中贯彻落实，并力争扩大教科研成果的推广面和影响力。

十、经费使用制度

(1)成立教科研领导小组，教科研经费使用由领导小组决定批准。

(2)幼儿园做到经费专款专用，主要用于购买图书、资料、举办教科研大会等。

(3)经费报销及时，手续齐全。

案例分析

上例中的教科研制度，对参加教科研活动应该遵守的规则、要做的事情进行了明确规定，使每一位参与人员都清楚在教科研活动中自己每一步应该做什么、怎么做。例如,"教研预习制度"里,对于每一个参与者在"预习"阶段要做什么做了具体说明。同时,制度中也体现了幼儿园鼓励教师主动参与、主动研究,不同教师区别对待的理念。例如,"按需观摩制度""班级共研制度",不是强行规定每个班级、每位教师必须做到,而是允许班级、教师根据自己班或教师本人的实际情况进行选择。

案例 北京市朝阳区劲松第一幼儿园教科研管理制度

为充分发挥教科研在教育中的作用,强化教师参与教科研的意识,增强广大教师的教育研究能力,促进教师专业化成长,提升幼儿园整体教育教学水平,特制定本制度。

一、管理职责

幼儿园教科研工作实行园长领导下的科研主任负责制,由园长负责全园的教科研领导和指导工作,科研主任负责具体落实与实施幼儿园的教科研工作。实行科研主任统一管理、园区保教主任指导、园区教研组长具体执行的层级管理模式(见下图)。

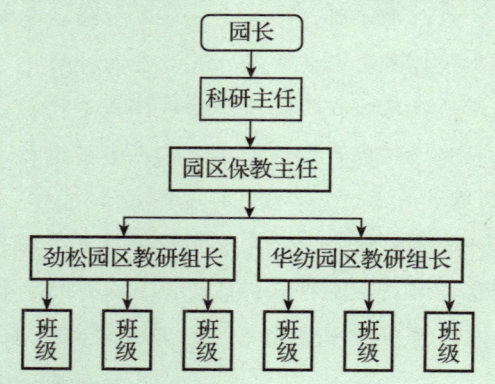

```
          园长
           ↓
         科研主任
           ↓
        园区保教主任
         ↓        ↓
  劲松园区教研组长  华纺园区教研组长
   ↓   ↓   ↓      ↓   ↓   ↓
  班级 班级 班级    班级 班级 班级
```

二、教科研人员主要职责

1. 园长

(1)领导科研主任和保教主任制订切实可行的教科研计划。

(2)对教科研工作给予一定的支持、指导和监督、检查,保证教研工作的顺利开展。

2. 科研主任

(1)负责课题申报、立项及统筹工作。

(2)指导教研组长做好教科研的计划、实施工作，提高教研组长的科研意识和能力。

(3)负责教研组教研活动的监督和指导工作。

(4)切实把握课题研究方向，并在研究方法和信息提供上给予支持。

(5)指导教研组长进行档案收集、整理工作。

(6)负责与课题负责人沟通，了解课题执行情况，并定期向园长汇报课题开展情况和教研活动情况，听取园长指导。

3. 保教主任(包括园区保教主任)

(1)根据幼儿园保教工作情况，从教研内容和教研方法上为教科研工作提供意见和建议，保证教科研工作的内容和形式符合本园保教工作实际。

(2)与科研主任共同指导教研组长制订和落实教研计划。

(3)配合教研组长做好时间、人员的协调工作，从时间和人员上保证教科研工作和保教工作的完成。

4. 执行园长

(1)了解全园教科研工作计划和重点，指导园区保教主任和教研组长制订园区教研计划。

(2)支持园区教研组长落实本园区的教研工作计划。

(3)对教研工作的组织和实施情况进行监督、检查，保证教研活动的有效开展。

5. 教研组长

(1)根据全园教研工作计划和所在园区保教中的实际问题，制订并落实教研组工作计划。

(2)组织和带领教师按照计划开展教研活动，保证计划的落实与实施。

(3)教研活动前与科研主任和园区保教主任沟通，明确教研活动目的，精心设计、组织教研活动，尽可能为教师提供丰富、多样的前期学习资料。

(4)教研活动中充分调动教研组成员的积极性、主动性，营造民主、开放、合作、创新的研究氛围。

(5)带头开展研究，带领教师开展专题研究活动及各种教研观摩活动。

(6)为教研组教师提供相关的学习资料，帮助教研组教师不断提高理论及研究能力。

(7)指导教研组教师总结教研成果，调动教师参与教研的积极性，重视教科研成果的宣传，支持和鼓励教师撰写教研论文，提高教科研工作的社会效应。

(8)每月与科研主任和园区保教主任沟通教研活动情况和计划。

(9)做好教研组活动各种资料的收集、整理工作，学期末进行学期总结，并将教研活动各项资料按照要求进行整理归档。

6. 教师

(1)了解园区教研计划，积极参加教科研活动。

(2)按时参加教研活动，并积极参与研讨活动，积极表达自己的观点、看法和意见并耐心倾听他人的观点、想法和意见。

(3)认真实践教科研计划、方案，注意收集相关信息和研究成果并善于对其进行总结，加快自身的专业成长速度。

(4)定期和教研组长交流教研实践情况，随时反映教研实践中的经验和问题。

(5)及时将教科研工作经验撰写成论文，争取发表。

7. 外聘专家

(1)根据幼儿园教研和课题计划，提供专业理论支持与指导。

(2)为幼儿园的教研和课题提供咨询支持，并根据幼儿园需要，开展相关研讨与入园指导工作。

三、程序、内容及要求

(一)教研活动制度

1. 教研活动主持

(1)全园性的教研活动，由科研主任统一协调，结合教研内容和需要，确定由某个园区教研组长为主要主持人，或由两个园区教研组长共同主持。

(2)园区教研活动，主要由园区教研组长负责组织与主持，也可以根据需要，由教研组长安排教师担任主持人。

2. 教研活动时间

园区根据教研计划，原则上两周一次教研活动，具体时间结合教研主题和园区安排进行确定。教研时间固定后，除非园区有重大活动安排，原则上不能随便更改教研时间。

3. 教研活动参加人员

(1)全园性教研活动，由科研主任与两园区保教主任和教研主任沟通，根据教研内容和形式需要，共同确定参加人员。

(2)园区教研活动，由园区保教主任和教研组长结合教研计划要求和教研内容需要，确定参加的人员。

（3）全园教师均是教研活动的参加人员，每学期至少保证各层次教师都能参与教研活动。

（4）外聘专家、外来观摩人员、同行和交流人员，可以经园区执行园长和保教主任同意后，参加相关的教研活动。

4. 教研活动形式

幼儿园根据教研和课题计划与内容，选择适宜的活动形式，保证活动顺利开展。主要的活动形式有：

（1）全园集体研讨式：组织全园教师围绕教研主题和课题研究内容进行全园性的集体研讨。

（2）园区集体研讨式：由两园区教研组长分别组织园区教师，围绕教研主题和内容，进行集体研讨。

（3）园区观摩评比式：园区根据教研活动需要，开展进班观摩，以评比的形式开展教研活动。

（4）园区专题研讨式：教研组长根据园区的实际需要，围绕某个专题进行研讨，或以专家讲座交流的形式进行。

（5）园区分享交流式：某个或某几个班级就某个教研内容面向园区进行经验分享。

（6）课题组研讨式：以课题组核心成员为主要参加对象，课题组根据课题需要进行集中或个别研讨。

（7）专题教研组式：从幼儿园实际情况出发，由班级教师根据自己的兴趣和特长自愿组合，建立专题教研组开展小组内的专题教研活动。

5. 教研活动的组织与实施

（1）每次教研活动要做好准备工作，根据教研活动计划和内容，提前让教师了解教研内容、形式和需要提前做的准备。

（2）每次教研活动前一天，教研组长与科研主任和园区保教主任在沟通的基础上，制订教研活动实施方案，明确活动时间、主题、参加人员、前期准备、活动形式、活动环节等。

（3）教研活动要注意活动形式的多样性，要注意掌控教研活动的节奏，调动教师的积极性，要围绕主题开展活动，确保教研主题不偏离，并及时记录教研过程中有价值的信息与内容。

（4）教研活动有专人记录，尽量保证活动记录的多样性(图片、文字资料、视频等)。

(5)教研活动结束后,教研组长及时进行总结,整理教研活动档案,并及时就教研活动中发现的问题与科研主任和园区保教主任沟通,确定下次教研活动的具体内容和形式。

(二)研究内容调研制度

(1)全体教职工要从思想上重视教科研工作,并积极配合幼儿园各项课题研究和教研活动所开展的调研工作。

(2)调研部门结合幼儿园的全面工作,围绕部门研究重点与思路,明确调研内容,确保调研内容符合幼儿园实际需要。

(3)调研前期要做好准备工作,确定调研的基本形式,采用何种手段,结果如何呈现。在实施调研活动前,准备好调研所需的问卷、访谈提纲、观察量表等工具和相关材料。

(4)调研过程中,采用多种形式(文字、录音、视频、照片等)进行记录,确保调研结果呈现的全面性和准确性。

(5)调研结束后,要对调研收集的各种信息进行梳理和整理,完成调研报告。

(6)研究内容的确立需要教师的广泛参与,因此,调研组织者要尽量保证相关人员都能够参与到调研活动中,确保调研的全面性和代表性。

(三)教研组长备课制度

(1)教研组长应加强对《幼儿园教育指导纲要(试行)》《3—6岁儿童学习与发展指南》的学习,领会和掌握其核心精神,保证备课方向不偏离上述文件的精神。

(2)教研组长根据幼儿园保教工作计划和教研计划,确定备课基本内容和要求。

(3)每次教研活动前一天,教研组长与科研主任和园区保教主任沟通教研内容。

(4)教研组长备课前,如需要提前进行调研,要提前两天完成调研工作,并在备课前一天对调研结果进行简单分析,与科研主任和园区保教主任沟通,明确备课重点与难点。

(5)教研组长备课过程中,要针对参加对象的实际情况以及教研内容,选择适宜的活动形式,环节设计要有针对性和层次性。

(6)教研组长备课要严格按照幼儿园备课要求,书写要规范,并以电子版形式呈现。

(7)备课完成后,提前一天交由科研主任或园区保教主任审阅,科研主任或园区保教主任及时提出意见和建议,于教研活动前一天反馈给教研组长。

(四)教学实践与观摩制度

(1)教学实践与观摩组织者至少提前两天制订活动计划与安排,并提前通知参加人员时间、地点和基本要求。

(2)组织者提前做好前期材料准备(如签到表、调查问卷、活动反馈表、活动现场条幅等)。

(3)组织者需提前与被观摩班级和责任教师进行沟通,说明活动的目的与意义,并与教师共同梳理和确定活动内容与基本流程。

(4)由活动组织者负责或安排人员进行活动过程的文字记录、拍照或摄像等工作。

(5)参加教学实践和观摩活动的教师,要做好前期准备,活动过程中积极参与,主动表达自己的看法与观点,并提出自己的建议,提供及时的反馈。

(6)活动结束时,组织者要进行总结梳理,现场或活动后及时提供活动效果反馈,帮助被观摩者了解存在的问题,便于教师修改和完善活动方案。

(7)教学实践和观摩活动作为教师日常工作考核内容之一,体现到园内月考核内容之中。

(8)教学实践和观摩活动的所有资料由组织者统一负责收集、整理,并按要求集中归档。

(五)研究成果定期交流制度

(1)研究成果交流工作由科研部门负责,园区保教主任和教研组长具体落实。

(2)教研组研究成果交流一个学期一次。交流时间一般为学期中和学期末。也可以结合教研组的阶段性研究需要,确定具体的交流时间。

(3)科研部门结合各教研组(包括课题组、工作室等各类具有研究性质的组织)的教研计划和阶段性任务,在与各教研组长沟通的基础上,明确可以进行成果交流的教研组和初步的交流形式及时间。

(4)园区保教主任与园区进行交流活动的教研组组长进行沟通,具体确定交流的形式和时间,完成研究成果交流方案。

(5)教研组研究成果交流活动正式进行前一个月,由科研部门牵头组织保教部门、总务部门、骨干教师代表或外聘专家、家长代表对研究成果进行评价和指导。

(6)园区根据研究成果交流方案,采用适宜的方式进行研究成果的展示、观摩、交流等活动。

(7)参加研究成果交流的园区教研组长负责成果交流活动过程性资料的收集与整理工作,并按要求统一上交归档。

(8)研究成果交流活动不仅限于园内,可以扩大至全区、全市、全国,扩大研究成果的影响范围。

(9)幼儿园宣传部门负责研究成果交流活动的宣传工作。

(六)教研质量评价制度

1. 评价的意义和目的

监督和落实教研计划,推动教研带动日常教学,提升教师的教育教学能力和水平,实现以评促教,以评促改,提高教师队伍教研水平,发挥教研推动幼儿园保教工作科学化、规范化的作用。

2. 教研质量评价的基本原则

教研质量评价坚持客观、全面、公正、公平的原则,以保证评价的科学性和规范性。

3. 教研质量评价的对象和主体

教研质量评价的对象为各教研组开展的各类教研活动、课题研究活动、工作室活动等。

教研质量评价的主体是以科研部门为牵头人,各部门负责人、教研组长、教师代表和家长代表参加的评价小组。个别活动可以考虑由幼儿作为评价主体,参与评价活动。

4. 教研质量评价的内容及标准

(1)教研活动目标明确、具体,具有实践性和针对性。

(2)教研活动方案内容完整,书写规范,思路清晰。

(3)教研过程组织流畅,环节设计合理,层次清楚。

(4)教研活动组织形式多样,能够围绕核心问题创设相应的情境,能起到引领作用。

(5)教研活动有效果,参与者有收获。

(6)教研过程性资料齐全、规范。

(七)科研档案管理

(1)每个课题由课题教研组长负责课题研究中的各种文字档案的管理(计划、与实施内容相关的数据统计表、调查表、会议记录表、相关课题文本材料)。

(2)与课题相关的各种材料每学期进行一次整理,待课题结题时规整上交并复印留作备份资料。

(3)档案资料信息员负责课题图片、照片、录像档案的管理。

四、应保存的记录

教科研活动档案材料；课题管理专项档案材料；在教科研研究中教师获奖、发表或交流的论文、总结；上报的所有与教科研有关的材料。

五、附件

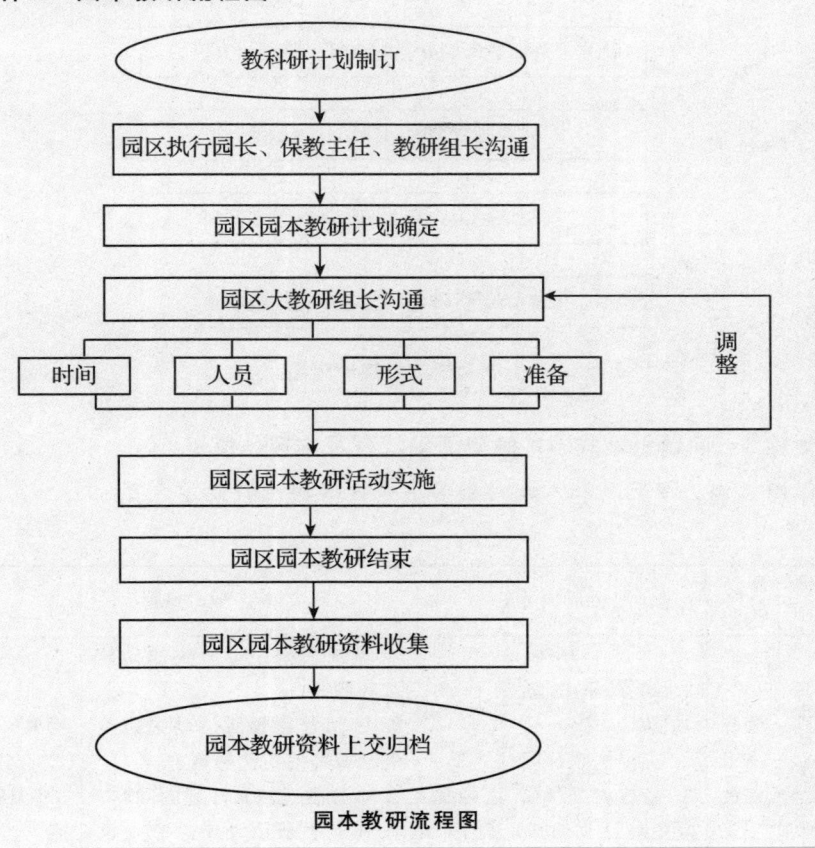

(1)园本教研流程图。
(2)课题研究管理流程图。
(3)问题引领式园本教研活动流程及内容一览表。
(4)教师参与教研工作考核标准。
(5)劲松第一幼儿园先进教研组评选办法。
(6)教研组长聘任方案。

附件1 园本教研流程图

```
         教科研计划制订
              ↓
园区执行园长、保教主任、教研组长沟通
              ↓
      园区园本教研计划确定
              ↓
      园区大教研组长沟通  ←———┐
              ↓                调整
  时间  人员  形式  准备        │
              ↓                  │
      园区园本教研活动实施  ————┘
              ↓
      园区园本教研结束
              ↓
      园区园本教研资料收集
              ↓
      园本教研资料上交归档
```

园本教研流程图

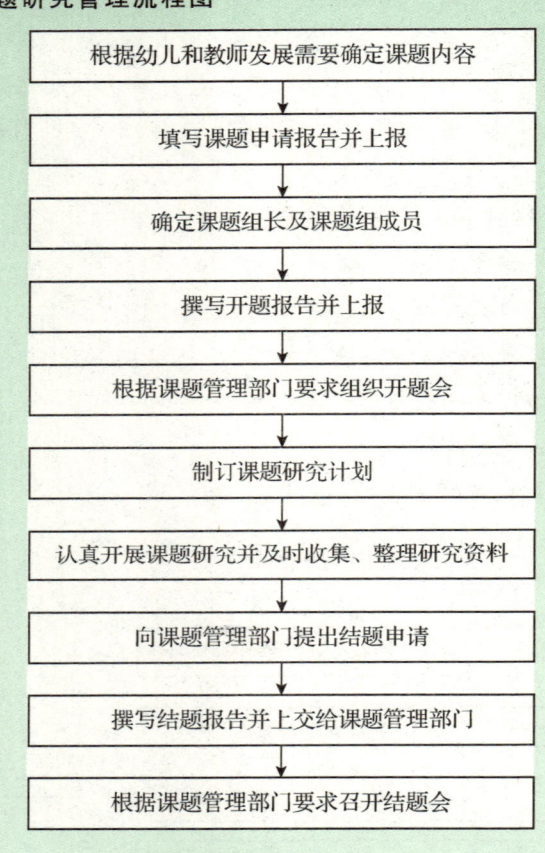

附件2　课题研究管理流程图

```
根据幼儿和教师发展需要确定课题内容
          ↓
    填写课题申请报告并上报
          ↓
    确定课题组长及课题组成员
          ↓
       撰写开题报告并上报
          ↓
  根据课题管理部门要求组织开题会
          ↓
        制订课题研究计划
          ↓
  认真开展课题研究并及时收集、整理研究资料
          ↓
    向课题管理部门提出结题申请
          ↓
    撰写结题报告并上交给课题管理部门
          ↓
  根据课题管理部门要求召开结题会
```

课题研究管理流程图

附件3　问题引领式园本教研活动流程及内容一览表

课题案例：以玩具和游戏材料为中介促进幼儿的数学学习

问题引领式园本教研活动流程及内容一览表

环节	时间	参加人员	活动内容	各环节中引领式问题	活动中资料收集
教研预备会	每次活动前两天	核心小组成员	1. 确定下次教研活动内容 2. 提出引领性问题 3. 备好教师教研"温馨提示"卡（活动通知）	1. 本次教研主要解决的是什么问题？ 2. 该问题在教研活动中能否引起教师的讨论热情？ 3. 本次教研需要注意的问题？ 4. 本次教研活动中为教师设置了哪些引领式问题？	1. 核心会议照片 2. 会议记录 3. "温馨提示"卡

续表1

环节	时间	参加人员	活动内容	各环节中引领式问题	活动中资料收集
教研活动		开篇	全体教研员	教研员轮流组织"5分钟游戏"活动，目的是： 1. 调整教师的心态，调动教师参与研究的兴趣和积极性 2. 做课教师或教研组长介绍本次活动安排	1. 本次教研需要大家带着什么问题去观摩？ 2. 活动中我们看什么？怎么看？	1. 五分钟游戏内容 2. 分享"同伴们的鼓励"的音乐 3. 问题条、教师活动案例 4. 活动录像、照片
		观摩活动	全体教研员	1. 观摩教师活动 2. 观察幼儿对活动的反应 3. 记录活动中对问题的发现与思考	1. 幼儿在利用玩具做些什么（怎么玩的）？幼儿对玩具的兴趣如何？ 2. 幼儿在游戏过程中对数学问题的关注程度如何？ 3. 幼儿操作玩具的过程是否需要指导？如果需要指导，教师采取的措施是否适宜？	1. 活动录像、照片 2. 教研活动详录 3. PPT、幻灯机、电脑
		研讨	全体教研员	1. 教研组长带教师一起重温本次教研中要研讨的问题，厘清教师研讨思路 2. 请做观摩活动的教师对活动进行自评 3. 请其他教师进行评议讨论；播放活动图片，进行分析 4. 教研组长对本次研讨进行概括	1. 结合活动中观察到的情况，说明：幼儿在游戏的过程中对数学问题的关注程度如何？按照现在的玩法，玩具所具有的数学教育功能能否发挥出来？ 2. 通过对活动的观察，你还有哪些疑惑？ 3. 今天我们对哪些方面进行了深入的研究？对教研组长的概括有什么补充？	1. 将所概括的论点记录在研究会议记录中 2. 收集教师活动教案、研讨材料等
		活动尾声	全体教研员	1. 科研主任（保教主任）与大家分享上次教研的"同伴们的鼓励" 2. 教研主任（保教主任）针对本次教研活动发表感言 3. 教师填写教研感悟卡 4. 教研组长通知下次教研时间及内容	1. 你在这次教研活动中感受最深的是什么？ 2. 通过本次教研活动，你获得了哪些进步？ 3. 你还有哪些问题没弄清，准备怎样解决？	1. 教研感悟卡 2. 音乐

续表2

环节	时间	参加人员	活动内容	各环节中引领式问题	活动中资料收集
教研评析会	每次活动后15分钟	核心小组成员	1. 核心小组对本次教研活动进行分析 2. 为每位教师的教研卡填写评议 3. 确定下次教研核心会时间	1. 今天的活动中我们发现了什么？ 2. 还可以怎样调整教研活动？ 3. 核心小组成员给教师们写"同伴们的鼓励" 4. 确定下次教研要研究的问题	1. 核心会议记录 2. 收拾本次教研的所有材料

附件4 教师参与教研工作考核标准

教师参与教研工作考核标准

时间：　　　　　　被考核人：　　　　　　自（ ）互（ ）

项目	考核内容	考核分值		
		10	8	5
教研态度	积极学习相关的理论，并将自己的学习感受传授给他人			
	教研态度积极，从不缺席，认真完成教研组长交给的任务			
	活动中主动发言，能给教师启示，能感受参与教研的快乐			
教研能力	主动承担过教研观摩活动（市10分、区8分、园5分）			
	本班教研成果显著、突出			
	愿意与其他教师交流经验，能指导青年教师开展教研			
	针对某个课题有教研个案（3篇10分，2篇8分，1篇5分）			
	本学期有市或区教研论文获奖（市10分，区8分，园5分）			
日常实践	能结合教研课题在班级中开展实践活动研究			
	从幼儿平日活动中有所体现			
总体评价		总评分数		

附件 5　劲松第一幼儿园先进教研组评选办法

1. 参评范围

劲松第一幼儿园两个园区所有教研组(包括专职负责人和参加教研的各类课题组、年级组、工作室、职能部门)。

2. 评选时间

每学年最后一个月(7月份)。

3. 评选流程

(1)成立评审组，确定评选标准。

(2)评审组公布评选标准。

(3)教研组填写申报表，申报材料上交给园区。

(4)以园区为单位，上交园区所有教研组申报材料。

(5)评审组集中评审，确定先进教研组名单，提交园务会审议。

(6)园务会审议评选结果。

(7)公布评选结果。

4. 评审组构成

组长：园长。

执行组长：教科研主任。

成员：保教主任、执行园长、园区保教主任、大教研组长、骨干教师代表。

5. 评选名额

具体名额由园务会结合当学年度教研组数量和活动开展情况共同研究确定，原则上不超过 5 个。

6. 先进教研组评选标准

先进教研组评选标准(试行)

一级指标	二级指标	分值	得分	参评材料
研究队伍 20分	全组教师团结合作，积极进取，有良好的科研氛围	4		1. 教研组总结 2. 教研组成员的构成及职责分工表 3. 教研活动反馈结果
	在教科研工作中表现突出，受到幼儿园教师的好评	6		
	研究队伍学科结构、职称结构合理、年龄结构合理	4		
	研究队伍人员职责明确，且聚焦于研究	6		

续表

一级指标	二级指标	分值	得分	参评材料
研究过程 50分	教研组承担或作为主要参与者开展园区以上类别的教研活动或课题研究	5		4. 本学年的教研计划（含课题研究计划、工作室活动计划） 5. 教研活动过程档案资料（文本、视频、照片）
	研究过程注重与实践的结合	10		
	研究有明确的目标与思路，过程清晰，有层次性	20		
	过程档案完整、规范	15		
研究成果 30分	教研组能按时完成教研活动计划，并有教研成果	30		6. 教研组研究成果（教研组或成员获奖情况）

附件6　教研组长聘任方案

根据区教委的统一要求和幼儿园教研工作的实际情况，设立专门的教研组长来负责和组织所在园区的教研活动。因此，为了更好地发挥园本教研的作用，提高教师队伍的整体素质，促进教师的专业发展，满足各层面教师的需求，搭建发展平台，充分发挥骨干、特长教师的专业引领作用，特制订本方案。

1. 聘任工作领导小组

成立聘任工作领导小组，由园长为组长，科研主任、保教主任为副组长，园区保教主任、执行园长任为成员。

职责是：制订聘任标准和方案，在园区进行宣传动员；对申报人员进行资格审查，对候选人员进行评审、综合评议等。

2. 聘任范围

劲松园区和华纺园区具有幼教一级（含一级）职称以上的在岗在编教师均可报名参加竞聘。

3. 聘任岗位

教研组长（根据两个园区实际需求确定教研组长的数量）。

4. 聘任原则

聘任工作坚持德才兼备、以德为先，公开、公正、公平的原则。

5. 聘任条件

(1)有较丰富的工作经验,从事幼教工作五年以上(含五年)。

(2)园级骨干教师,具有一级以上职称(含一级)。

(3)有较强的专业能力,具备一定的教学研究能力,组织或参加过幼儿园或所在园区的各类教研活动,工作有实绩。

(4)有较强的组织能力,有团队协作精神和较强的开拓创新意识。

6. 聘任时间

每学年6月底至7月初。

7. 聘任程序

(1)聘任工作领导小组在各园区分别做宣传动员,公布聘任标准和方案。

(2)各园区教师对照聘任条件,自主报名或由园区推荐。

(3)聘任工作领导小组对申报人员的资格进行审查,如果没有教师自主报名,由园区推荐符合条件的人选。园区公布符合条件、进入候选的教师名单。

(4)进入候选的教师进行答辩,由聘任工作领导小组进行评审。

(5)聘任工作领导小组进行综合评议,确定人员,并经园务会批准。

(6)在园区公示教研组长的最终人选。

8. 聘任岗位职责

(1)根据全园教研工作计划和所在园区保教中的实际问题,制订并落实教研组工作计划。

(2)认真执行园本教研制度。

(3)精心设计、组织教研活动,发挥示范和引领作用。

(4)活动中充分调动教研组成员的积极性、主动性,营造民主、开放、合作、创新的研究氛围。

(5)带头开展研究,加强自身修养,提高专业素养。

(6)指导教研组成员总结,并对教研组研究成果进行总结。

(7)做好教研组活动各种资料的收集、整理、归档工作。

9. 评聘资料管理

聘任工作结束后,领导小组将聘任标准和方案、综合评议记录、最终确定的人选资料进行整理后,移交档案信息资料员进行归档管理。

案例分析

上例中的教科研管理制度涵盖了幼儿园教科研工作的各项内容,从教科研各岗位责任人及职责的划分、教科研工作的程序、内容及要求、教科研工作中应该保留的档案资料以及考核等方面对教科研工作做了全面、系统的规定。同时，制度中针对教科研工作的关键内容，如教研组长备课、教学实践与观摩、研究成果定期交流、教科研工作考核、教研组长与特色小组长聘任、先进教研组评选等具体工作，又从操作程序与方法上做了具体规定与说明，保证了每一项工作具体可操作。其中，还将"问题引领式教研方法"这一园本教研特色用制度的形式规定下来，保证了本园教科研特色与传统的继承与发扬，值得我们参考、借鉴。

（二）建文化

文化对组织发展的作用越来越受到重视，在幼儿园的教科研管理中，园长也必须要认识到教科研文化在教科研过程管理中的重要意义。文化是一个群体在一定时期内形成的思想、理念、行为、风俗、习惯，以及由这个群体整体意识所辐射出来的一切活动等。文化的影响是潜移默化的，又是深远的，因此，园长要重视幼儿园教研文化建设，用文化来育人，充分发挥每位教师的主动性，形成一种和谐的教科研文化氛围，推进学习共同体的形成。

对于一所幼儿园而言，健康的教研文化应该具有以下特点。

①安全：让教师感受到在教研集体中，自己的身心是安全的，不会因为某一个观点、某一句话说得不正确、不合适而带来利益的损失或者人身的伤害。

②开放：教研团队中，气氛是开放的，可以畅所欲言，观点对事不对人，可以轻松发表自己的看法。

③互相尊重与喜欢：教研过程中，每一位成员的身份都是平等的，并且成员间互相尊重，互相喜欢，可以感觉到自己的重要与彼此的欣赏，这样教师才能敢于表达自己，并且愿意倾听、接受别人的意见和建议。

④具有共同的目标：教研团队具有共同的目标，即解决实践问题、提升自身专业能力，并帮助团队中的每一位成员提升专业能力。

⑤沟通与信任：教研团队的每一位成员都相信，同伴的意见和建议是基于对自己的爱护与帮助，信任他人，喜欢沟通，既愿意给别人提建议，也愿意接受别人的建议。

（三）建机构

在幼儿园教科研过程管理中，要注重发挥集体管理的作用，针对具体的教科研内容，成立由某部门或人员为责任人的小组，既要明确主要的负责人，做到责任明确，同时，又要加强过程监督和管理，实现阶段性目标。建立教科研管理机构和具体执行机构，不但能够保证幼儿园教科研管理的职能化，明确具体的部门和人员在教科研工作中的职责，而且还能真正的建立幼儿园教科研学习共同体和发展共同体，充分发挥集体的作用，确保幼儿园教科研工作的正常和顺利进行，同时还能保证幼儿园教科研工作的延续性和持久性。

资料链接

建立教育科研管理的组织机构——教科室

此项工作，园长可以从三个方面着手：第一，建设硬件。主要是提供能容纳科研室所有成员进行研讨的房间、办公的桌椅及摆收资料的橱柜，这部分工作可以交给后勤园长完成。第二，建立网络。即确定教科室成员并建立管理网络，科学地进行任务划分、职务分工、层层授权等。一般来说，由业务园长担任教科室主任，具体负责教科工作，成员由各年级组组长、各教研组组长和课题组组长组成。还可以吸收具有一定教育研究能力，理论水平较高的教师。第三，制定制度。制定教科室各类规章制度及部门职责。园长要明确三点：①需要制定哪些制度，它们与园里其他制度的关系。园长领导下的教科室必须遵守园内的一切规章制度。因此，园里的一些同类制度可通用于教科室，如《学习会议制度》等就可免定，只需根据教科室工作的特点，定出它特有的制度，具体可有：《教科室部门工作职责》《教科室主任职责》《教科室成员职责》《教科室活动制度》《资料管理制度》（若园内资料管理制度很详细，能适用于教科室就不必再订）《奖惩制度》等。②每项制度标准要具体，要考虑本园水平和能力，必须从正面规定应该做什么，怎样做，做到什么程度，达到什么标准。例如，在制定《教科室活动制度》时，就要考虑到教科室成员是脱产、半脱产还是兼职，若是兼职则要考虑到额外又增加了教师的工作量，他们能否在高质量完成日常教育工作的同时再完成教科室的工作。故所定的活动周期不能太频繁，在制定职责任务划分时也应考虑到这点。③制度必须得到集体认可。制度制定后必须经教科室成员讨论审议后方可执行，只有这样才能真正体现其规范性和约束性，否则会成为一纸空文。

（资料来源：吴邵萍. 幼儿园教育科研的组织机构和资料管理. 早期教育，2000(1)：15）

（四）建机制

在幼儿园的教科研管理工作中，制度建设能够为幼儿园的教科研工作提供保障，明确工作的基本规范和要求。但是，仅仅有制度还是不够的，要在制度的基础上，了解教科研工作主体——一线教师的需求，明晰教科研工作的基本工作模式，明确教科研工作不同阶段的内容和过程管理要求。这就要求园长要在幼儿园的教科研管理工作中建立相应的工作机制，统筹全园的教科研工作。

> **案例** 基于教师专业发展需求的园本教研管理机制探索
>
> **案例背景**
>
> 2015年1月10日教育部颁布了《幼儿园园长专业标准》。该专业标准中明确了园长的专业角色和专业职责，其中明确指出了"领导保育教育"是园长六大专业职责之一，再次强调了园长是幼儿园保育教育的领导者。随着幼儿园的发展，大量新教师成为一线岗位的主力，是幼儿园保育教育工作的主要组织者和实施者，由于园本教研是幼儿园保育教育工作中的一个重要内容，因此，他们也理所当然地成为幼儿园园本教研活动的主要参与者。某幼儿园具有30多年的办园历史，也拥有一支结构比较合理的管理队伍，面对教师队伍发生的新的变化，在原有的园本教研工作模式的基础上，也尝试着进行了调整和改变，保证了园本教研活动的正常开展。作为园长，经常性的参与和深入园本教研活动是日常工作中的一项内容，但在深入园本教研活动现场的过程中，却明显地感觉到教师的参与热情不高，教研中教师的主体作用发挥得并不突出，教研的效果也没有得到充分的体现。因此，如何结合教师队伍的现状，充分的了解教师的专业发展需求，真正的发挥教师的教研主体作用，探索激发教师参与教研活动内在动力的管理机制，引领幼儿园的园本教研活动，推动幼儿园园本教研的健康发展，成为园长必须要思考和解决的一个问题。
>
> **案例描述**
>
> （一）现在的园本教研有什么问题——在交流中发现教师参与的积极性不足
>
> 新学年开始前，在与主管园本教研的教科研主任交流新学年园本教研的专题时，教科研主任提出，从这两年的园本教研活动情况来看，感觉目前的教研组模式和开展方式有些问题，突出的表现就是无论是管理人员还是教师都存在着积极性不足的情况，特别是园里教师虽然是以年轻教师为主，但是还有经验丰富的骨干教师和有一定专业特长的成长期教师，教师之间存在着专业层次和经验层次方面的差异，这也是教研专题确定和教研活动组织比较困难的一个主要原因。针对这个问题，园长就与保教部门一起进行了深入的交流，并与不同

层次的教师进行了谈话，重点了解她们对当前园里园本教研的看法和期望。在交流的过程中，园长明显感觉到教师对于自己专业成长的期待，她们也希望通过园本教研帮助她们寻找专业发展的方向，提升她们的专业能力，毕竟教研组这样一个教师组织能够给她们提供这样的平台和资源。为了更进一步了解教师参与园本教研的情况和她们对幼儿园园本教研未来发展的设想，园长和教科研主任一起设计了调查问卷。

(二)教师到底想要什么样的园本教研——在调查的基础上成立教研组并确定组长

为了避免问卷内容太多而影响教师填写问卷的真实性，这次的调查问卷就主要围绕教师参加过的教研组、幼儿园应该成立的教研组、自己想要参加的教研组、自己希望由谁担任自己想参加的教研组组长进行了问题设计，并基本以选择题的方式让教师填写。本次调查有74名教师参与，结果发现，教师想要幼儿园成立的教研组有13个，这也充分的表明了教师个人专业发展方向的广泛性。同时，两个园区在教研组的选择上虽然表现出了差异性，但也存在着明显的共性，因此，在综合分析两个园区的调查结果的基础上，确定了两个园区分别要成立的教研组，为了保证教研组的规模和人员的稳定，劲松园区选择了排名前三的教研组，华纺园区选择了排名前四的教研组，同时加上原有的面向新入职教师的保育教研组，这样整个幼儿园就有了八个教研组。教研组确定后，也基于调查结果的统计，明确了各个教研组长的人选，让我们觉得有些意外的是，有个别组教研组长的人选与我们原先设想的完全不一样！我们还是遵从了教师的选择，由教师选出的教研组长承担教研组的组织和管理工作。并在此基础上，结合教师的选择，分别明确了各个组的组员，并在沟通的基础上，对个别教师进行了调整，既保证教师能够参与教研活动，又不影响班级的日常工作。

(三)教研专题如何确立——大专题下的教研专题个性化

教研组成立后，如何确定各个组的教研专题成为我们需要立即解决的一个问题。在之前的园本教研活动中，因为是以大教研组的方式进行的，所以，教研的专题比较容易确立。在教研组调整后，八个组在组员结构、人数规模、专业兴趣等方面存在着差异，甚至可以说是完全不一样，但是，如果任由各个组选择自己感兴趣的教研专题，在实际的管理过程中会面临着指导不到位、教研效果无法监控的困难。因此，园长在与教科研主任和保教部门研讨的基础上，提出了在幼儿园园本教研大专题下各教研组进行小专题研究的园本教研思路，也就是幼儿园提出整体的园本教研专题——领域核心经验及其实践运用，各个教研组在大专题的基础上，结合本组的实际情况，确定一个具体的可操作的细化的小专题，比如，华纺语言组在小组调研的基础上，以诗歌为切入点，研究诗歌相关的知识点以及教学活动的组织。这样就保证了幼儿园园本教研的整体性和各教研组的差异性。

（四）教研组如何运作——设立教研日，完善园本教研管理制度

在以往的园本教研活动中，由于采用的是大教研的方式，往往会存在因为某部分教师无法参加或有临时的任务需要完成而影响教研活动无法正常开展的现象，经常会出现教研活动延后或人员不够等问题。因此，如何保证八个教研组在两个园区正常开展活动是新的问题，不能再固守原有的教研管理模式，需要从制度上进行规范。要保证教研活动的规范化，首先就要充分的保证教研的时间，因此，在与两个园区和各部门进行沟通的基础上，我们设定了"园本教研日"，确定所有教研组活动统一在周三（分单双周）进行，开展教研活动的教研组结合园区的工作安排，确定教研的具体时间（主要有三个时间段：上午、中午和下午），强调两个园区和各部门除非在万不得已的情况下，不能随意挤占或影响教研活动的时间。同时，对原有的教研制度进行了补充和完善，明确了教研活动的基本要求，明晰了教研活动的管理流程，以及教研资料的收集、整理和归档要求。这样就从制度层面上为教研活动的规范开展提供了保障。

（五）教研过程如何监控——从"源头"上保证计划性和可行性

由于教研组比较多，加上又是在两个园区分别进行，因此，园本教研的监管增加了不少的难度，单靠教科研主任一个人来管理既不现实也不能保证教研质量。因此，我们经过分析，提出了从"源头"上来监管的园本教研思路。

首先，做好园本教研计划管理，教科研主任在幼儿园整体计划的基础上，形成园本教研的整体计划，各教研组在此基础上结合本组的教研专题细化教研内容，具体体现到每一次的教研活动计划之中，经由教科研主任审核通过后，面向全体组员公布计划，做到组员人人清楚计划。

其次，建立管理人员与教研组对口帮扶机制，也就是每名业务管理人员与其中一个教研组建立对口帮扶关系。虽然各个教研组长是由教师选出来的，但是，她们的教研组织和管理经验相对不足，基本上都是"新手"，因此，要在教研活动的组织与管理上，给予她们充分的支持与引领。业务管理人员基本上都是北京市、朝阳区或幼儿园的骨干教师，不但在保教管理和教研组织方面有丰富的经验，而且还有专业理论基础，能够对教研组的活动提供引领帮助。

最后，提供教研方案设计指导，做好教研活动的前期准备。由于大部分教研组长没有过独立设计和组织教研活动的经验，为了保证她们顺利的组织教研活动，园长与教科研主任一起设计了教研活动设计方案，明确了教研活动前期的准备工作，帮助教研组长明确教研活动前要做好哪些工作，并围绕当次的教研内容设计教研流程，明确每个环节的核心点是什么，要从哪些方面去把握，如何引导组员围绕教研专题进行研讨或开展相应的活动。这样既能保证教研组长从本组整体的教研专题和计划出发，具体落实每次的教研活动，又能预先明确每次教研活动的基本思路，避免教研过程中教研方向出现偏差的情况。当然，在教研开展的过程中，如果出现了新的问题或原有的问题没有研究透或需要进一步研究，可以在原有教研计划上进行调整。

（六）教研效果如何评价——日常考核与学期末展示相结合

在各组刚开始开展教研活动时，虽然每个组都会按照教研制度和基本要求进行，但是，由于各种原因，教科研主任、业务管理人员不能保证参加每个组的每次教研活动，因此，为了保证教研的效果，加强对各个组教研活动开展情况的监控，我们结合幼儿园的考核要求，在充分调研的基础上，实行"日常考核＋学期末考核"的教研组考核模式，从计划的制订与执行、教研活动的组织与实施、教研成果的宣传三个维度出发，并对每个维度进行细化，制订了具有可操作性的考核标准。日常考核主要集中在教研活动的设计、管理人员的指导、教研资料的整理、教研过程中教师的参与情况、教研成果的宣传方式与频次等方面，强调的是教研活动的整体性和全面性。而学期末的考核则以教研组展示的方式进行，教研组展示不但是教研组整个学期教研成果的展示，而且还是教研组成员参与情况的展示，同时，在教研组展示活动中，突出了评价主体的多元化：管理人员、教研组长、教师代表、家长、专家、外园同行等，更重要的是，教研展示也为各个教研组提供了相互交流、分享经验的平台和机会，各个组采用的教研方式可以相互借鉴，从而丰富各组教研活动组织的方式和形式。通过这样的考核，各个教研组在规范本组教研活动过程的同时，也会注重日常教研活动成果的梳理和对教研效果的思考，更重要的是，每个教师能够在所在的教研组积极参与教科研活动，获得专业成长。

（案例来源：北京市朝阳区劲松第一幼儿园　于渊苹　张伟利）

案例分析

（一）了解教师真实的专业发展需求

在日常的管理中，包括园本教研管理，我们习惯基于已有的经验来开展工作，容易忽视我们管理对象的实际需求。特别是随着我国学前教育的快速发展，幼儿园的发展必然会出现新的情况，比较明显的就是我们的管理对象之一教师已经表现出了鲜明的时代性和年轻化特征，甚至还存在层级化和差异化。所以，要保证幼儿园园本教研活动能够持续健康发展，除了加强园本教研的管理和指导外，还要了解当前教师队伍的新变化，特别是"90后"进入一线教学岗位，她们的专业需求以及专业定位到底是什么？有什么样的期望和想法？这些都是我们要去关注和需要去了解的。但是，只是通过随机的谈话或观察，并不能准确地了解她们的真实需求，需要通过多种途径和方法，走进她们的工作现场，了解她们的常态表现，这样才能相对真实地了解她们。

(二)保证教师园本教研的主体地位

教师是园本教研的主体，这是任何管理者都不能否认的。但是，如何保证教师的园本教研主体地位，并不是每个管理者都能思考得清楚的。教师的园本教研主体地位不仅仅体现在教师参与教研活动，教研组的组建形式、教研组的规模、教研组的成员、教研组长的人选、教研组的研究专题、教研活动形式、教研过程性资料的收集与整理、教研成果的呈现，等等，这些都可以由我们的教师来做主，试想，如果这些都不能让教师来决定，她们还能百分百的投入其中吗？教师教研的积极性和参与度也是无法保证的。所以，在园本教研的整个管理体系中，要从教师的角度出发，把教研工作交给她们自己来决定，真正地让她们成为主人。

(三)教研管理机制激发教师的内在动力

《幼儿园园长专业标准》中明确提出，园长要尊重教师专业发展规律，激发教师自主成长的内在动力。影响教师参与园本教研积极性的主要因素就是她们是否有参与教研活动的内在动力。教研管理不能只强调对人的约束与限制，制度的设立更多的是要让我们的园本教研管理更规范，更科学，能够让教师在制度的保障之下，投入到自己感兴趣的专题研究中去，获得专业发展。因此，园本教研管理要从教师的专业发展需求出发，通过规范化的制度要求激发教师的内在需求，引领教师的专业成长，为她们的成长提供保障。需要注意的是，在对教师的教研考核中，不能过于强调对于结果的考核，只偏重考核的评价功能，要注重发挥考核的激励作用，让考核成为一个让教师反思存在的问题，明确努力方向的一个工具和手段，引领教师了解如何提升自己的专业水平。

对策反思

(一)园长要深入园本教研活动中

对于园长来说,园本教研开展的情况如何,教师在园本教研活动中的参与情况以及园本教研成果的落实,并不能只通过一次的活动或管理人员或教师的汇报就能了解清楚的。要想真正的了解园本教研开展情况,一定要深入到园本教研活动现场,参与到园本教研活动中去,这样才能在真实的场景中去了解现状,发现问题,从而为园本教研提供引导和引领。《幼儿园园长专业标准》中"领导保育教育"的园本职责要求中就明确提出:"建立园长深入班级指导保育教育活动制度,利用日常观察、观摩活动等方式,及时了解、评价保育教育状况并给予建设性反馈。……领导和保障保育教育研究活动的开展,提升保育教育水平。"这既是对我们园长专业提升的要求,同时,也为我们发挥幼儿园保育教育职能和作用提供了方向。

(二)园长要在园本教研中合理看待教师群体和个体的专业需求

对于每个教师来说,都是有自身的专业需求的。这也就是告诉我们,在教师的专业需求上,除了教师群体的专业需求以外,还有教师个体的专业需求。因此,我们要在日常的管理中,在关注某个层次教师的群体性专业需求的基础上,关注教师个体的专业需求。"需求"是由主体的个体主观自然感觉到的,是从自身的个性出发,寻找属于自己个性发展的要求,寻求专业发展的途径。园长要正确看待教师的个人专业发展需求,也就是要尊重教师这个主体。就像在教研组人员的遴选工作中,不能由园长或管理人员来决定教师参加哪个教研组,而是要真正的去了解教师的个人专业需求,在合理的框架范围内,尽量保证教师个人专业需求的满足。但是,重视教师的个人专业需求未必就是要满足其所有的个人需求。对教师合理的需求,应积极创造条件尽可能允许其在专业发展中展现个性;对于那些当前没有条件满足教师个性发展需求的,幼儿园应当讲明展现个性还应当具备的其他条件以及通过各种努力后能够满足的大概时间。在遵循幼儿园规定的共性要求的同时,应该不排斥教师个性的发展。

(三)园长要重视园本教研的平台优势和资源优势

随着幼教事业的改革发展,教科研越来越被幼儿园重视,在新修订的《幼儿园工作规程》中,就明确提出了幼儿园的园本教研。园本教研在提高教师素质、形成办园特色等方面具有不可替代的作用。作为一线管理者的园长,肩负着引领教科研的重要使命。作为园长,要时刻关注每位教师的成长,要善于利用园本教研在教师专业发展中的平台优势,为教师提供体现自主性的平台和丰富的专业资源,满足其发展的需求,让教师在园本教研中获得极大的鼓励和信心。园长一方面要想方设法为教师提供丰富的资源,比如,专业书籍及现代化的设备,丰富教师专业学习的途径和工作,同时,还要依托园本教研这个平台,聘请幼教专家来园进行指导,并为教师提供外出学习交流的机会,利用园本教研这个平台,展示教师园本教研的成果。

(五)建队伍

幼儿园教科研过程的管理,需要具有一定教科研能力的教师队伍。教师教科研能力的提升可以采用多种方式。比如:专题培训、科研讲座等,特别是在某项关键性的教科研工作中,要事先对参与者进行必要的培训,同时,园长还要善于统筹规划一些教师力所能及的教科研专题,吸引教师参与其中,帮助教师获得成功,以提高他们的兴趣和信心!尤其是当教师在研究中遇到困难时,要及时给予帮助和指导,最大限度地保护教师的科研积极性,并在教科研实践中提高教师的教科研素质。

(六)借外力

除了借助本园教师之外,教研过程中还需要借助外力来支持、推进幼儿园的教科研工作。这些外力,包括园外的专家、骨干教师,特别是来园参观和观摩的同行和专家,她们自身就具有一定的幼儿园教科研工作经验,在接待观摩时,除了分享自己园所的经验之外,还要善于利用这个机会与平台,通过观摩后的留言或现场交流等方式,获得她们的意见与建议。同时,外力还包括书籍、各种学习机会等。

案例 借助专家引领资源

充分发挥专家顾问团的作用,借专家智慧促进内部研究。例如,某园邀请省教科院、市区教科所、南师大及市幼师专家等组成专家顾问团每周或每月定期来园指导教科研工作,为教师"诊断把脉",推动教科研工作不断规范化、科学化、深入化。通过专家的专题指导,如《个人课题的申报》《教师如何观察》《3—6岁儿童学习与发展指南》,引领教师接触先进教科研理念,并以此指导教师的科研工作;通过专家亲自主持课题,以班级为试点、教师为课题参与者,进行科学、艺术、区域、教师专业成长领域的探索,促使教师系统化地参与科学、规范的科研活动,发挥以点带面的力量,带动更多的教师走向专业化的科研道路；通过专家的观摩点评，让教师获得专家面对面的指导，汲取专业意见，提升教科研及实践能力。

（案例来源：贾宗萍，高艳. 谈幼儿园科研型教师队伍的培养. 上海教育科研，2013(4)：93）

（七）建档案

幼儿园的教科研过程管理不但需要明确的方向，更需要有过程性的记录和资料反映过程中的关键环节。因此，要加强教科研管理中的过程性档案的记录、整理和归档。特别是对于各个阶段中具有重要价值和意义的内容，要做到专人负责、专人整理、专人管理。幼儿园教科研档案尽量避免在学期末集中式的收集与整理，要建立规范的档案管理制度，明确在教科研工作的不同阶段收集的相应资料与档案，这样能够保证档案资料的完整，不会因为时间过长而造成遗失或只靠回忆来收集资料。

案例 劲松一幼教科研项目档案管理制度

教科研档案是教科研工作的重要组成部分，教科研档案管理是否到位、规范、科学将直接影响教科研项目的质量。为了确保教科研档案能够及时、完整地得到保存与归档，能够真实全面地反映教科研项目的过程及相关成果，结合幼儿园教科研项目工作的实际情况，特制定此教科研档案管理制度。

一、教科研项目档案范围

教科研项目档案专指劲松一幼科研部门统计整理的、明确列出的、与教科研项目相关的所有资料。从内容上可划分为规划课题档案、一般课题档案、园本课题档案和园内专题项目档案。

（一）规划课题档案

规划课题是指劲松一幼在国家、北京市和朝阳区课题规划办公室立项的所有课题。规划课题档案是课题组在研究过程中形成的全部资料，包括各级课题规划办公室的课题申报通知、管理办法、申报要求等文件类资料，还包括课题申报表、立项书，日常研究中形成的文字资料、音像资料，有关的论文，结题材料，课题重要事项变动报告等。根据课题研究的不同阶段可分为前期档案、中期档案、后期档案。

(1)前期档案。规划课题前期档案除了各级规划办公室有关课题的各类文件之外，主要包括课题申报前期的准备材料(课题讨论会议记录、前期调研资料(问卷)、访谈提纲、调研报告等)、课题申报表、课题立项申报材料(包括研究计划、论证材料)、立项批准书、课题实施方案、开题报告等。

(2)中期档案。规划课题中期档案是规划课题档案的核心部分，主要包括课题实施过程中相关的所有原始材料(文字、照片、视频、音频等)，包括阶段性研究计划；问卷、问卷分析报告；访谈提纲、文字记录、视频或音频；实验记录、照片、音频或视频；观察量表、观察记录、视频；相关培训方案和培训内容文本资料、培训考勤表、培训记录或笔记、培训活动现场照片、视频；课题教研活动文字记录、视频、照片；课题组会议记录、视频、音频等；中期研究成果(包括阶段总结、论文、获奖证书等)、阶段检查记录等。

(3)后期档案。规划课题后期档案主要指与课题结题阶段相关的所有文字、照片、视频、音频类资料。包括课题研究总结，申请验收报告，最终科研成果(包括课题研究报告、课题组成员撰写或发表的论文、获奖证书等)，课题验收现场照片，课题验收鉴定书，课题答辩材料(答辩文字材料、照片、视频或音频)，成果推广应用材料等。

(二)一般课题档案

一般课题是指劲松一幼在国家、北京市和朝阳区具有课题立项权限的职能部门和相关科研部门批准立项的非规划类课题。一般课题档案除了各级职能部门和科研部门下发的各类文件资料以外，还包括课题申报表、立项书，日常研究中形成的文字资料、音像资料，有关的论文、结题材料、课题重要事项变动报告等。根据课题研究的不同阶段可分为前期档案、中期档案、后期档案。

(1)前期档案。一般课题前期档案除了各级职能部门和科研部门关于课题的各类文件之外，主要包括课题申报表、课题立项申报材料(包括研究计划、论证材料)、立项批准书、课题实施方案、开题报告等。

(2)中期档案。一般课题中期档案主要包括课题实施过程中相关的所有原始材料(文字、照片、视频、音频等)，包括阶段性研究计划；问卷、问卷分析报告；访谈提纲、文字记录、视频或音频；实验记录、照片、音频或视频；观察量表、观察记录、视频；相关培训方案和培训内容文本资料、培训考勤表、培训记录或笔记、培训活动现场照片、视频；课题教研活动文字记录、视频、照片；课题组会议记录、视频、音频等；中期研究成果(包括阶段总结、课题组成员撰写的各类论文和获奖证书等)，阶段检查记录等。

（3）后期档案。一般课题后期档案主要指与课题结题阶段相关的所有文字、照片、视频、音频类资料。包括课题研究总结、申请验收报告、最终科研成果(包括课题研究报告、发表论文、获奖证书等)、课题验收现场照片、课题验收鉴定书、课题答辩材料(答辩文字材料、照片、视频或音频)、成果推广应用材料等。

（三）园本课题档案和园内专题项目档案

园本课题是指劲松一幼结合园内各方面工作的实际情况，确定需要进行研究的课题。园内专题项目是指劲松一幼根据幼儿园发展中遇到的需要短期内解决的突出问题而成立的由专人负责的攻关类项目。一般来说，园本课题和园内专题项目(以下将两个项目用"专项"来简称)可以按照园本专题研究的形式来进行，因此，将两类项目按照统一的要求进行档案管理。档案包括专项确立前的过程性资料(前期调研、会议记录、项目说明书等)；专项确立后日常研究中形成的文字资料、音像资料，有关的论文、结题材料、课题重要事项变动报告等。根据课题研究的不同阶段可分为前期档案、中期档案、后期档案。

（1）前期档案。专项前期档案主要包括专项确立前期的准备材料(核心人员研讨会议记录、前期调研资料(问卷)、访谈提纲、调研报告、项目说明书等)；专项研究计划、论证材料；立项批准书或专项立项会议记录；专项实施方案等。

（2）中期档案。专项中期档案主要包括专项实施过程中相关的所有原始材料(文字、照片、视频、音频等)，包括阶段性研究计划，问卷、问卷分析报告，访谈提纲、文字记录、视频或音频，实验记录、照片、音频或视频，观察量表、观察记录、视频，相关培训方案和培训内容文本资料、培训考勤表、培训记录或笔记、培训活动现场照片、视频，课题教研活动文字记录、视频或照片，课题组会议记录、视频、音频等，中期研究成果(包括阶段总结、论文、获奖证书等)，阶段检查记录等。

（3）后期档案。专项后期档案主要包括专项研究总结，最终成果(包括研究报告、发表的论文、获奖证书、案例等)，专项结题鉴定会议记录，现场照片等。

二、教科研项目档案的建立

教科研项目档案建立的主体包括，劲松一幼科研部门、劲松一幼教科研项目组。

教科研项目档案实行一项一档制。主要包括项目研究过程中形成的文件材料，如课题申请书、课题研究计划、课题申报立项书、开题报告、中期成果鉴定、申请结题报告、结题验收鉴定书，以及课题研究过程中的全部纪实材料、佐证材料。所有项目均要按时间顺序和类别装订成册，按要求立卷归档。

　　项目档案材料要注意原始性、真实性。如观察记录、调查问卷、访谈记录、教案、课堂教学实录等资料都必须是在研究过程中搜集获得的第一手资料。

　　教科研项目档案材料的收集，采取定期收集的方式，项目组在月末（25—30日）收集当月与项目相关的所有档案资料。项目组由专人对收集上来的资料进行认真的汇总整理，按照资料的时间和种类进行分类，并单独成册，形成当月完整、科学的教科研档案，并以口头或书面的形式向科研主任汇报。学期末，由项目组负责人统一整理并按类归档后，交由资料员归档。

　　教科研项目档案除了文本性的资料以外，要尽可能建立电子档案。每一项目单独建立一个文件夹（以科研项目全名进行命名），在项目文件夹目录下，根据档案的类别分别建立文件夹（以档案的类别进行命名），类别文件夹目录下的文件名称以"时间＋内容"的格式进行命名（比如：20130901教研活动记录）。

三、教科研项目档案的管理与使用

　　各项目组要充分认识到教科研档案在教科研活动中的资料、凭证和情报价值。建立项目独立的档案管理制度，配备专门的档案资料袋或档案盒，由专人负责管理。

　　各项目组要严格按照资料员的统一要求进行档案的收集、整理、归档和借阅。

　　积极运用现代化手段管理档案。各项目组尽可能地将本项目相关的关键档案和档案中的重要内容以及对本项目研究有重要意义的资料保存成电子版。

　　科研档案的借阅使用要遵守制度。因工作需要借阅教科研档案的，应严格履行借阅登记手续，用后按时归还。查阅时不得污损、卷折，不得在卷内画线、打圈、批注和涂改。要严格遵守档案保密制度，不得进行外传，如需带出幼儿园，须经园长签字同意。归还档案材料时，项目组档案负责人员应对档案做详细检查，发现问题要当面指出，并问明情况及时处理。

　　档案要按顺序分类存放，存放处要有防火、防盗、防潮、防尘、防光、防霉、防鼠等设施。项目档案负责人员定期对档案进行清点，对破损的档案要及时修正和复制。

在教科研管理过程中，园长容易出现要么管得过少，要么管得过多的情况。有的园长认为，教科研工作由具体的保教或教科研部门负责，自己就完全放手不闻不问。这样做的结果容易造成幼儿园教科研工作不受重视，或者方向不明，导致教科研工作质量难以提升。有的园长也会因为过于重视教科研工作而事必躬亲，管理过细。这样做的结果往往会造成业务管理者责任心下降，缺乏被信任感和成就感，也会直接导致教科研工作质量的滑坡，而且阻碍管理队伍业务能力和管理能力的提升。因此，在幼儿园的教科研管理工作中，园长应在明确自己的定位的基础上，避免出现管得过死或不管不问的现象。

第七章 幼儿园园长的教科研管理
——成果推广

一、幼儿园教科研成果的含义

幼儿园的教科研成果是幼儿园在教科研工作中，针对幼儿园的某个或某几个研究问题进行系统研究后所得出的具有指导性、针对性、引领性的问题解决方案或具有实践指导价值的理论。教科研成果不仅仅是简单地就问题而解决问题的具有个别化的方案，它是能够反映幼儿园教科研工作规律，具有独创性、新颖性、实用性，对提高幼儿园的教科研工作，特别是教育教学水平和教育质量，以及实现培养目标有明显效果的方案。

因此，幼儿园教科研成果所涉及的内容不仅可以是教育理论的探索，也可以是教育教学实践的应用，还可以是某一领域或幼儿发展方面的新理论、新方法、新技术和新问题的探讨和实践验证。幼儿园教科研工作内容的多样性和探索路径的多维性，决定了幼儿园的教科研成果必然会表现出多种多样的形式。因此，园长要认识到，在确定幼儿园的教科研成果时，要从理论和实践两个方面出发，既重视理论探索与创新，又要重视实践应用与验证。特别是要结合幼儿园教师的群体特点和实践特点，重视教师在教育教学实践过程中的经验积累和认识提升，如教育活动的设计、教育教学资源的开发、教育反思、观察记录等，这些也是幼儿园教科研工作成果的重要表现形式和组成部分。

二、幼儿园教科研成果推广的意义与作用

教科研成果的推广应用，是教科研效益的直接体现，也是教科研知识的普及过程。教科研成果的推广应用实际上是在更广阔的背景中通过再实践去完善原有成果的科学性、普适性和成熟度。因此，园长必须要重视教科研成果的推广。

三、幼儿园教科研成果推广的途径与方法

（一）教科研成果推广的基本原则

1. 开放性原则

教科研成果的推广，要坚持开放性原则，积极主动的把教科研的成果介绍和

宣传出去。特别是园长，要保持开放的心态，愿意让别人观摩、了解幼儿园的研究。同时，还要善于借助外力，通过专家评审、成果出版、成果交流等方式，提升成果的呈现效果，扩展成果的表现形式。

2. 及时性原则

幼儿园的教科研具有一定的时效性，园长要充分地认识到及时将取得的教科研成果进行宣传和推广的重要性，特别是取得的阶段性成果，要及时进行总结、梳理，并面向特定群体或公众进行推广，这既能保证幼儿园教科研成果具有领先性和先导性，又能使教科研成果得到同行的检验，利用外部力量帮助幼儿园进行实践应用。

(二) 教科研成果推广的途径与方法

1. 实践运用

教科研成果推广的一个很主要的途径就是要在实践中检验。幼儿园可以在教科研管理过程中，将取得的成果在局部范围内进行实践检验，在实践应用中发现成果的基本规律或存在的问题。

定期对教科研成果进行总结和梳理，可以有助于我们基于原有的研究思路，按照制定的研究方案，进行阶段性的总结，既是对研究思路的检验，又能够为下一阶段的研究奠定基础。

教科研成果的推广和应用，包括把自己的研究成果应用到实践中去，以及应用别人的研究成果。教师通过在教科研活动后对自身进行反思，验证或检验教科研活动中达成的共识或自己的想法，在实践的过程中提高自己的专业认识和专业能力，从而将幼儿园教科研活动中所总结的经验与教育理念转化为能为自身所用的教学实践。

2. 观摩展示

教科研成果的推广还可以面向同行或专家进行现场观摩或展示，通过观摩展示，既能帮助幼儿园梳理成果，又能借助外力来评析成果的价值和实效。

园长还要善于利用园内教师之间、园外同行之间相互观摩分享的方式，可以由班级教师来进行分享，也可以由教科研组成员或团队来进行分享，在观摩分享的过程中，既能提高成果的宣传推广力度，又能提高教师的科研能力和水平，提升教师的成果梳理能力和成果意识。

> **案例** 劲松一幼教研组展示活动方案

一、活动背景

本学期，幼儿园以领域为分组标准，在前期调查的基础上，成立了三大领域八个组的教研组（劲松园区：语言组、数学组、保育组和美术组，华纺园区：语言组、数学组、美术组和音乐组），在两个园区尝试进行了以领域基础知识点为核心的专题教研系列活动。各个组在幼儿园整体计划的基础上，制订了本组的学期教育计划，并在教科研主任的统一管理下，与幼儿园和园区管理人员建立了结对指导关系，按照教研计划开展了相关的活动，也取得了一定的成绩。为了推进教研管理的规范化，检验各组教研活动的成效，真正发挥教师教研主体的作用，探索园区之间教研交流的科学机制，推动园区之间教研活动的经验积累与分享，并在共享中形成学习共同体的教研氛围，根据幼儿园学期初制订的教研工作计划，特制订本方案。

二、活动主题

太阳花的世界：聚焦 共享 成长

三、活动目标

(1)探索园区之间教研组教研成果交流分享的方式。

(2)促进园区之间教研组教研成果的分享和经验的共享。

(3)激发各教研组成员的主体意识，体现教研共同体的整体价值。

(4)总结梳理以领域为核心，以兴趣组为模式的教研管理经验，为下学期教研管理机制完善提供借鉴。

(5)提升各组教研过程性资料和成果的规范化水平。

(6)为各教研组提供宣传、展示的平台，展示管理人员指导的成果。

四、活动内容

(1)两个园区八个教研组本学期宣传专栏展示和评比。

(2)两个园区八个教研组本学期教研成果文本材料展示和评比。

(3)两个园区八个教研组本学期教研活动现场展示和评比。

五、活动主体

劲松园区：语言组、数学组、美术组、保育组。

华纺园区：语言组、数学组、美术组、音乐组。

六、活动时间

2016年1月14日和2016年1月15日，两天共九个时段。

各组具体时间：

劲松园区：2016年1月14日。

8：30—9：00 宣传专栏及文本资料展示。

9：00—10：15 语言组展示。

10：30—11：45 数学组展示。

13：00—14：15 保育组展示。

14：30—15：45 美术组展示。

华纺园区：2016年1月15日。

8：30—10：00 美术组展示。

10：10—11：40 语言组展示。

12：30—14：00 音乐组展示。

14：10—15：40 数学组展示。

七、活动安排

(一)活动领导小组

顾问：园长、业务副园长。

职责：对本次展示活动进行整体设计的指导，提出建议。

组长：教科研主任。

职责：负责本次展示活动整体方案的设计，并与两个园区执行园长、保教主任和教研组长进行沟通，明确活动目标、工作安排和基本要求。

组员：园区执行园长、园区保教主任。

职责：在全园展示方案的基础上，与园区教研组组长进行沟通，指导园区教研组落实方案。

(二)园区执行小组

两园区分别由执行园长担任组长，结合园区实际情况成立园区执行小组，明确职责，按计划落实展示方案，并做好相关材料的收集和整理工作。

(三)展示评比小组

本次展示交流以园区相互评比为基本形式，即劲松园区展示由华纺园区的评审小组进行评审，华纺园区展示由劲松园区的评审小组进行评审。

评审小组由园长、副园长、教科研主任(教科研主任必须参加)、园区执行园长、园区保教主任(至少一名参加)、园区资料员、教研组长(每个园区4名教研组长)、教师代表(每个园区至少1名)共同组成。(说明：因劲松园区保教主任刘蕾担任保育组组长，劲松园区可以补充一名管理人员或教师代表参加)

(四)具体要求及活动阶段安排

1. 活动准备阶段

组长组织本组成员确定本组展示方案初稿，与本组对接管理人员进行交流和沟通，最终形成活动的基本活动方案，并于2016年1月11日之前将最终的展示方案以电子版形式发给园区执行园长和教科研主任。

在方案思路基本确定之后，各组成员按照本组展示方案的基本要求，进行前期的准备(2016年1月13日前)，准备材料包括：本组教研活动计划(学期)，本组教研活动方案(至少8次)，本组教研活动记录(至少8次)，本组业务学习记录(至少8次)，本组教研活动过程性资料(学习资料、照片、视频等)，本组教研活动成果(如学习笔记或学习感受、教学活动方案、培训材料等)。并在园区档案资料员的指导下，进行规范性的整理。

2. 活动开展阶段

各组按照本组展示方案展示宣传专栏、文本材料，评审组按照评审标准对文本材料进行现场评审(20分钟以内)。

各组进行现场教研成果展示，展示形式可以多样。

3. 活动总结阶段

评审组对参加展示评比的教研组进行综合考核，并提出存在的问题和建议。

教科研主任对展示活动进行总结，提出进一步的建议和要求。

八、评选标准

本次展示交流评选本着相互学习、成果共享、共同成长的原则，围绕教研组宣传专栏、教研组教研成果(文本资料)、教研成果现场展示情况三个内容进行。具体评选标准见附表。

九、有关要求

(1)每个教研组于2016年1月12日前上报本组教研展示的具体负责人。

(2)每个教研组展示时间在2小时以内，合理安排教研展示的内容。

(3)本次评比要严格遵循公平、公正的原则，重在相互学习和交流，不能为了评比而采用不正当手段或流于形式。

(4)两个园区教研组负责本组交流展示的所有材料的收集和整理工作,并按资料归档要求,确保资料的规范、完整。

(5)与所在园区教研组对接的管理人员,要主动参与并指导本组教研成果交流展示方案的制定和展示过程,起到引领作用。

北京市朝阳区劲松第一幼儿园
2016年1月7日

附件:教研组展示交流评比标准

教研组展示交流评比标准(100分)

项目		评分标准	分值	评分
宣传专栏 (10分)	内容	内容丰富	1	
		能够围绕本组学期教研专题	3	
		体现教研活动进程和成果	2	
	形式	空间利用合理	1	
		展示形式多样	1	
		能够体现本组教研特点	2	
教研文本资料 (30分)	内容	内容全面,包括教研计划、活动方案、活动记录、业务学习记录、学习资料等过程性资料	12	
		教研活动记录详细	8	
		有管理人员参与或指导教研活动的记录(管理人员本学期至少参加教研活动2次)	5	
	形式	按照资料归档要求,形式统一规范	5	
现场展示 (60分)	内容	成果具有借鉴价值和实践指导意义	15	
		能够全面反映本学期考核专题的核心内容	15	
	形式	成员参与度高,研讨氛围和谐	10	
		形式适宜,体现本组特点	10	
		环节流畅,自然	10	
总分				

说明:教研文本资料中的记录,缺少一次扣一分,直至扣完。

3. 经验介绍与交流

教科研成果推广还可以通过面向内部成员、同行专家、上级主管部门等途径进行经验介绍。在进行经验介绍时，一般都需要进行前期的准备，这个准备的过程就是一个对成果进行梳理、分析、归纳等的过程，这也将有助于经验介绍者系统地了解教科研成果的整个形成过程，并能对成果后期的推广打下一定的基础。

在信息时代下，信息获取和沟通的速度在增快，渠道在拓展，因此，园长们也认识到，教科研成果要得到推广，必须要以开放的心态在交流和分享中获取和交换信息，要"打开大门"向同行介绍经验，"走出去"学习别人的经验，这样才能使教师在信息指引和推动下及时了解学前教育的前沿动态，在交流中碰撞出创新的火花和改革的灵感。经验介绍与交流不仅仅是交换教科研信息的过程和途径，更是一种方式可以帮助幼儿园摆脱教科研工作"一潭死水"的困境。所以，园长要积极搭建教科研工作交流平台，定期开展教科研活动分享，加强教师之间的专业对话、沟通、协调和合作。同时，积极引进园外先进的思想，使优秀的同行与专家走入幼儿园，定期举行讲坛、沙龙、研讨等活动，在宣传和推广幼儿园教科研成果的基础上，扩宽教师的视野，积极引导教师科学系统地开展教科研活动，这样将有助于幼儿园培养研究型的教师，形成幼儿园良好的教科研氛围，建设幼儿园的教科研队伍。

4. 公共出版

成果推广的一个重要方式就是成果的物化，物化成果的推广需要更多的推广媒介，对于园长来说，要善于借助具有广泛影响力和受众的专业载体，如期刊、出版社等，扩宽成果的宣传渠道，扩大成果的推广范围，从而提升幼儿园教科研成果的影响范围和效果。一般常见的物化方式就是文字性的出版或发表文章。成果出版或文章发表，既是对已有成果的梳理，又是对成果的宣传，而这种宣传面向的范围更大，影响的对象也更多。

参考文献

[1] 李季湄. 回到基本元素去——走进新《纲要》(下册). 北京：北京师范大学出版社，2006.

[2] 马虹，李峰，等. 幼儿园保教管理工作指南. 上海：华东师范大学出版社，2014.

[3] 贾宏燕. 园本教研：性质、目的和策略. 早期教育（教师版），2007(10).

[4] 刘占兰. 园本教研的基本特征. 学前教育（幼教版），2005(5).

[5] 杨国华. 浅谈常规教研与校本教研的异同. 课程教材教学研究（小教研究），2013(Z2).

[6] 伍海云. 中小学的教研与科研. 新课程，2015(9).

[7] 束从敏，李芳，杨斌. 以课题研究为主线的园本教研模式研究. 学前教育研究，2006(9).

[8] 贾宗萍，高艳. 谈幼儿园科研型教师队伍的培养. 上海教育科研，2013(4).

[9] 吴邵萍. 幼儿园教育科研的组织机构和资料管理. 早期教育，2000(1).

[10] 吴邵萍. 幼儿园教育科研的管理策略. 早期教育，2000(3).

[11] 李隽. 幼儿园管理者在教师发展中的角色定位. 中国教育学刊，2011(S1).

[12] 左晓静，陈立，顾春晖，沈心燕. 园本教研的实践与思考——浅谈园本教研中的四组关系（下）：幼儿教育，2007(7).

[13] 林微华. 课题研究规范化操作过程. 教育科研论坛，2007(8).

[14] 彭兵，谢苗苗. 幼儿园园本教研活动实施的策略. 学前教育研究，2010(3).

[15] 彭兵. 开展园本教研，推进幼儿园文化建设——武汉市"以园为本教研制度建设"项目推进策略. 学前教育研究，2008(8).

[16] 于群. 幼儿园开展有效教研的策略. 读写算（教研版），2014(24).

[17] 叶谦，靳玉乐. 对优质幼儿园课程文化建设的思考. 幼儿教育（教育科学），2007(Z7).

[18] 姚艺. 对幼儿园文化建设的初步思考. 学前教育研究，2004(9).

[19]张文娟．幼儿园文化建设：园本教研的推动力．淄博师专学报，2016(1).

[20]杨恩泽．学校文化建设研究综述．西北成人教育学院学报，2012(5).

[21]谷素华，杨国燕，张瑜．教学反思视角下的教师专业化成长．教育与职业，2010(11).

[22]王利明．天津市区国办幼儿园与乡村幼儿园教师教育教学能力的调查报告．天津市教科院学报，2011(3).

[23]李映莲．开展有效园本教研引领教师专业成长．教育教学论坛，2011(18).

[24]许银海，郝霞．对中小学教育科研成果评价问题的思考．教育实践与研究，2005(24).

[25]冯江英，石路．领导力理论视野下的园本教研管理机制探析．教育导刊（下半月），2011(5).

[26]苏婧，吕国瑶．探析优秀园长应具有的素质和能力．http：//www.yejs.com.cn/yzzc/article/id/52149.htm，2015-05-04.

[27]桑鲁萍．浅谈新时期幼儿园园长的作用及具体管理方法．新课程学习（上），2011(8).

[28]王朝红．魅力园长，和谐团队——谈园长课程领导力之教师团队构建．http：//www.cnsece.com/KindTemplate/MsgDetail/31701，2013-05-29.

[29]周玉立．幼儿园课题管理现状的个案研究．南京：南京师范大学，2014.

[30]刑春娥．通过反思日记提升幼儿教师实践性知识的策略研究．长春：东北师范大学，2009.